小学班主任与家长沟通之道
——心与心的交流

许丹红 著

中国轻工业出版社

图书在版编目(CIP)数据

小学班主任与家长沟通之道：心与心的交流/许丹红著. —北京：中国轻工业出版社，2017.1（2024.5重印）
ISBN 978-7-5184-1196-2

Ⅰ.①小… Ⅱ.①许… Ⅲ.①小学－班主任工作
Ⅳ.①G625.1

中国版本图书馆CIP数据核字（2016）第284843号

保留所有权利。非经中国轻工业出版社"万千教育"书面授权，任何人不得以任何方式（包括但不限于电子、机械、手工或其他尚未被发明或应用的技术手段）复印、拍照、扫描、录音、朗读、存储、发表本书中任何部分或本书全部内容（包括但不限于光盘、音频、视频等）。中国轻工业出版社"万千教育"未授权任何机构提供源自本书内容的电子文件阅览、收听或下载服务。如有此类非法行为，查实必究。

责任编辑：吴 红 王慧超　　责任终审：杜文勇
策划编辑：吴 红　　责任校对：刘志颖　　责任监印：吴维斌

出版发行：中国轻工业出版社（北京鲁谷东街5号，邮编：100040）
印　　刷：三河市鑫金马印装有限公司
经　　销：各地新华书店
版　　次：2024年5月第1版第5次印刷
开　　本：710×1000　1/16　印张：13
字　　数：138千字
印　　数：11001—13000
书　　号：ISBN 978-7-5184-1196-2　定价：36.00元
读者热线：010-65181109
发行电话：010-85119832　010-85119912
网　　址：http://www.chlip.com.cn　http://www.wqedu.com
电子信箱：1012305542@qq.com
版权所有　侵权必究
如发现图书残缺请拨打读者热线联系调换
240538Y1C105ZBW

推荐序：做一个智慧的班主任

许丹红老师曾荣获全国优秀教师、全国中小学优秀德育工作者、浙江省第二十一届春蚕奖、浙江省十佳智慧班主任等称号。我觉得其中"智慧班主任"这一称号最能突出她的特点。与丹红老师相处时，我觉得她是一位睿智的小学一线班主任，拜读了她的《小学班主任与家长沟通之道——心与心的交流》一书之后，这种感觉更甚。

"不要因为走得太远，而忘记当时为什么出发。"丹红老师在德育一线坚持工作20多年，没有忘记为师者的初心——让每一个孩子灵动飞扬，让每一个生命幸福美满。怀着这颗"初心"，丹红老师消解了家长们的误会；怀着这颗"初心"，丹红老师倾尽全力，走进家长们的心灵世界……书中20多个案例，不仅叙述了她在德育一线坚持做的点点滴滴，而且更是她德育工作智慧的结晶，细致地分析了与家长的沟通之道。面对不同类型的家长——急躁易冲动的家长、隔代抚养型家长、单亲家庭的家长、不关心孩子学习的家长、不理解班主任的家长，丹红老师都有合情合理的应对"招数"……丹红老师坚持在这条并不平坦的道路上一直走下去，但是她从来没有忘记为何出发，这正是她的睿智所在。

丹红老师的睿智还体现在她对德育工作的认识，即德育是一项系统的教育工程。人的教育是一项系统的工程，德育也不例外。家庭教育、社会教育、集体（托幼园所、学校）教育，三者相互关联且有机地结合在一起，互相影响、互相作用、互相制约。在这项系统的工程中，家庭教育又是一切教育的基础。

苏联著名教育家苏霍姆林斯基曾把儿童比作一块大理石。他说，把这块大理石雕刻成一座雕像，需要六位雕塑家：①家庭；②学校；③儿童所在的集体；④儿童本人；⑤书籍；⑥偶然出现的因素。从排列顺序来看，家庭位于首位，可见家庭在塑造儿童的过程中的重要作用。丹红老师很清楚地认识到了这一点，所以

倾尽全力与家长沟通，挖掘家长资源，构建德育的系统性网络，达到德育的最大效果。系统性德育的思想在她的书中无处不在，比如，家长会主题的系统性、劳动教育的系统性，还有QQ群、微信群的系统性管理等。德育是一门科学，科学的价值在于求真。一位睿智的德育工作者必定会遵循德育工作的内在规律，达到事半功倍的效果，这正是丹红老师所做的。

与时俱进，是智者的一个特点，丹红老师也是。尽管从事德育工作20多年，但德育的对象在变，德育的环境在变……丹红老师也一直在研究学生、研究家长、研究家庭教育的资源，拓宽家校的沟通之道。她率先组建家谊会、别出心裁地召开家长会、巧妙地进行微讲座……书中这些娓娓道来的方法，不仅让我们学到了操作性很强的方法，而且还有实实在在的德育态度。丹红老师与时俱进的工作精神，更是给予我们启发，鞭策我们创新。

不忘初心，勇往直前。让我们一起努力，做一个智慧的德育工作者。

王耀丽
2016年10月2日

（王耀丽：浙江省桐乡市实验小学教育集团总校长、嘉兴市名校长。）

前言：不忘初心，勇往直前

7年前，几件小事交集，让我百感神伤。自以为一直掏心掏肺，真诚地对待每一位孩子，真诚地对待每一位家长，但依然难以避免家长的误会、诽谤……于是我借助文字表达内心的彷徨，调整自己的情绪。后来一篇洋洋洒洒的《教育的每一天，如履薄冰》在浙江省桐乡教育网上发布，点击率超出我的预料。彼时已荣获"浙江省第二十一届春蚕奖"的我，由于这篇文章，在小小的县城掀起了一阵波浪。去年应邀去桐乡其他兄弟学校讲课，居然还有老师提起我的这篇陋文。

《教育的每一天，如履薄冰》中的文字道出了一线班主任的心声，现摘录如下。

从工作到现在，一直觉得自己真诚地对待每一位孩子。处理事件，不敢说百分之百公平与合理，但自己一直在努力追求公平与合理。在我眼里，孩子没有成绩好与差的区别，只有对与错的区别。孩子犯错误很正常，不然，就不需要教育了。

接触到的家长形形色色，阅人无数。无论是书读万卷的成功人士，还是大字不识一个的乡村农民，或是如我一般在平凡岗位工作的人们，或是来桐乡拼搏的新居民，大部分家长都很纯朴，善解人意。他们能理解教师工作的艰辛和烦琐，能体谅教师工作中可能会出现的疏漏和不足。我也与不少已毕业孩子的家长成了真挚的朋友。

但是，美好的生活中总会出现一些不和谐的音符。现在，我觉得这脚步越来越沉重。

一

去年新接一年级不到半个月。有一天，小C跑来对我说，他的十元钱不见

了。他告诉我时已是事发第二天。我去班上询问半天，也没发现什么线索。于是叮嘱他以后把钱放好，一旦发现钱不见了，就第一时间向老师报告。

第二天，小C来交钱。我问他："钱找到了吗？"不知是这孩子不理解我的意思，还是胆子小，他朝我点了点头。

后来，接他放学的爷爷对我说："孩子的钱被人偷了。"我觉得很奇怪，孩子不是已经把钱交了，怎么又说被人偷了呢？我告诉小C的爷爷："可能是孩子记错了吧？他不是已经把钱交了吗？孩子还小，有时会搞不清楚。"当时我也没有在意这句话。

小C担任我班的卫生委员，表现一直很好。有一回孩子生病了，发烧输液。第二天放学，由于我的疏忽，忘记交代孩子不要搞卫生了。小C的爷爷站在校门口，板着脸对我说："我看你这位老师啊，孩子生病了，你还让他打扫卫生。上回就说孩子还小，搞不清楚。"我听得云里雾里，觉得一阵委屈。我也曾教过小C的姐姐两年。原本成绩一般的她在我的鼓励下脱颖而出，成为班级的优秀生。我是怎样一位老师难道小C的爷爷还不知道吗？即便我工作存在疏忽，也可以与我好好沟通呀！

当时，我与孩子的爸爸通电话，我说："我真的感到很委屈。"说着说着，眼泪如珠子一般顺着脸颊淌下来。孩子爸爸在电话那头向我解释，说小C的爷爷脾气不好，让我不要计较。

之后见到这位爷爷，我学会了退避三舍。上周，我送路队出来，看见小C的爷爷已在等候了。他看见我，热情地向我打招呼："许老师！"我朝他笑了笑。

这一年，我从不因小C爷爷的态度而改变对孩子的看法。我的真诚终于换来了小C爷爷对我的尊重。

二

前段时间十分郁闷。我没想到，居然有家长会如此"暗箭伤人"。

去年教一年级，班上有一位孩子小Y，第一单元考试成绩从17分、23分降到后来的8分甚至0分。我工作以来从没遇见过这样的孩子。新教材的内容太难，每天要学习的东西也很多，这都属于客观原因。另外，也不得不考虑孩子自身的

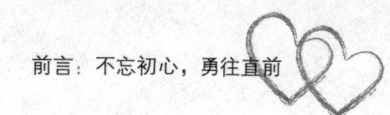

问题——起点低,接受能力弱。反正,孩子第一天上学,老师们就发现这孩子与众不同。

一开始,我努力不让这个孩子掉队,每天放学留下他补习拼音。但是,不论我怎么教他还是学不会。有一天早上,他因害怕留校,哭闹着不肯上学。我真没办法让他学会拼音。

后来,开始学习识字了。每天 10 多个认字量,小 Y 根本没办法达到要求。再加上班里共有十多位接受能力弱的孩子,都需要我的帮助。第一单元考试,我班共有 11 个孩子不及格。

在家长的配合下和我的努力下,这些孩子渐渐入门,学习成绩开始逐步提升。可是,一遍遍地教小 Y,他依然没有进展。我想,我只是一位普通人。作为老师,我首先是 50 位孩子的老师,而不是小 Y 一个人的老师。面对全班这么多孩子,我真的没有多余的精力放在需要特别教育的小 Y 身上。不然,对其他孩子则是一种不公平。我教书将近二十年了,孩子如此学习困难的确第一回遇见。

我联系小 Y 的爸爸妈妈,告诉他们,世上只有父母才可能对孩子无怨无悔地全力投入。我很真诚地给他的爸爸妈妈写了一封信,希望家长能带着孩子做一下心理咨询,倾听一些专家的建议。

话虽这么说,但我依然没有放弃这个孩子。比如,在跳绳比赛前,我坚持每天放学后教他跳绳。要知道,仅仅是让他学会跳绳,也要付出很多心血!这种滋味也只有亲身经历的人才能体会。

有一天,小 Y 的家长突然告诉我孩子想休学,让我联系校长。我向校长汇报了这个情况。校长后来与孩子的妈妈交谈了近一个小时,建议她慎重考虑。孩子一学期在家,可能会产生许多问题。

期末考试,小 Y 没有参加考试,家长也没打任何招呼。第二个学期,我联系过几次家长,家长告诉我孩子在一位退休老师的家里单独学习。

整个过程,我自认是用一颗真心对待孩子的。至少孩子的生活能力是正常的,跟身边许多身体不健全的孩子比起来,这已经很幸运了。

这学期,孩子又开始来复读一年级。被抓阄分班分到他的老师,对我颇有怨言,感觉他休学,是由于我在背后指点的原因。有一天,这位老师看见我说:"你怎么想出来让他休学的?"我听后感觉莫名其妙。

试问，哪一位班主任能让家长产生让孩子休学半年的想法？这需要花费家长多少财力、人力？

又有一天，我听到一个信息，小 Y 爸爸打电话给现任老师，说我认为他家孩子的智商有问题。后来他们就休学，带着孩子去杭州、上海的医院进行诊断，结果证明小 Y 的智商没有一点问题。

天哪！怎有如此"暗箭伤人"的家长？想给自己的孩子找一个休学的借口，也不至于诽谤老师吧？想呵护自己的孩子，也不应该借助这样的方式吧？这样诋毁前班主任，孩子就能读好书了吗？

我教小 Y 一年，从来没说过孩子智商有问题之类的话。但是，孩子与众不同，成绩差是逃避不了的事实。我为之付出了不少心血，没功劳，也不想有苦劳。如此诋毁，让人难以忍受！

我手机里还存有小 Y 爸爸的电话号码。我拨通电话之后与他简短聊天，谈及孩子的近况，我切入正题——教孩子半年，一直真心实意地对待他和他的父母，何以在现任老师面前如此评价我？

小 Y 的爸爸第一时间向我道歉！他说，一直对我心存感激。孩子后来考了 0 分，作为家长，担心孩子被老师、同学看不起，因此就不顾一切退学了。他想表达的意思，别人理解起来就不一样了……

我理解父母爱孩子的心，怕孩子受到伤害。作为家长，总有这样那样的担忧。但是，爱孩子就能损坏别人的名誉吗？

我对小 Y 爸爸说，敬请以后与别人交流时，能摆正事实，能站在公平的立场上，替别人想一想。

胸口闷了很久。真的没想到，真心实意的付出换来的却是背后一刀。

……

做老师难，做班主任更难！许多时候，你真心实意地对待孩子和家长，也为之付出了许多心血，可依然会有委屈、黯然神伤和无奈的时刻。

教育是一个服务行业，想要所有家长满意，不是老师尽力之后就能做到的。

做教师的每一天都如履薄冰，战战兢兢。

时间一晃就到了 2016 年的 7 月。在那之后，我相继带过小水滴班、相亲相爱班、长河班。我依然满腔热情，真诚地对待每一位孩子和家长，依然如履薄冰，也依然会有误会、心塞、难受……

七年的光阴如白驹过隙，我与上文提到的孩子都成了好朋友。小 Y 知道我的 QQ 号和微信号之后，加我为好友，经常与我聊天。另一位当初朝我大声斥责的主人公（详见第九章案例"家长在电话中朝我怒吼"）跟我成了非常好的朋友。我不再教她女儿时，她为我送来了自己亲手做的丝绵，不断地说着感谢，说我教她女儿的四年，对她的帮助实在太大了……

现在回想起来，当时的误会、委屈、无奈已经不值得一提。百姓，百姓，就会有百个性格。家长群体因个性不同、诉求不同、文化程度不同、成长背景不同，故处事方式偶有让为师者如针般"刺痛"。

时光是最好的验金石，可以检验我们为师者的一颗心。这么多年一路走来，带着一颗真诚的心，真心实意地对待我们的"同盟军"——积极沟通，进行家访，邀请家长走进课堂，给家长评奖……想办法调动他们的积极性，唤起他们的热情，让他们看到希望。慢慢地捂热他们的心后，他们也十分愿意与教师携手，与孩子一同努力……

我们经历着道路上的艰辛不易，我们体会着道路上的酸甜苦辣，即便如履薄冰，即便战战兢兢，我们依然坚定地行走、歌唱。

我们愿意倾尽全力，尽力走进家长的心灵世界，让每一个孩子灵动飞扬，让每一个生命幸福美满。

这是为师者的初心。不忘初心，勇往直前！

是为序，以当勉励！

许丹红

2016 年 7 月 27 日

目　录

推荐序：做一个智慧的班主任（王耀丽）……………………………… I

前言：不忘初心，勇往直前 ……………………………………………… III

第一章　家校沟通，意义非凡 ……………………………………………… 1
　　一、对孩子成长的积极意义 …………………………………………… 1
　　【我的案例】一条绿兔毛围巾 ………………………………………… 3
　　二、对家庭教育的完善意义 …………………………………………… 6
　　【我的案例】家是孩子心灵成长的港湾 ……………………………… 8
　　三、对学校教育的正向意义 …………………………………………… 10
　　【我的案例】小祺妈妈来学校 ………………………………………… 12

第二章　组家委会，从"心"开始 ……………………………………… 15
　　一、组建家委会 ………………………………………………………… 15
　　【我的案例】家谊会——老师的"同盟军" ………………………… 17
　　二、确定核心家长 ……………………………………………………… 20
　　【我的案例】家谊会竞选 ……………………………………………… 21
　　三、分工、制定工作章程 ……………………………………………… 23
　　四、班主任主导意识的渗透 …………………………………………… 26

第三章　开家长会，别出心裁 …………………………………………… 31
　　一、鲜明的主题 ………………………………………………………… 32
　　二、形式的创新 ………………………………………………………… 38
　　【我的案例】小水滴班家长会 ………………………………………… 48

第四章　多种沟通，真心实意 ························· 53
一、定期给家长写信 ························· 53
【我的案例】创建书香家庭，与孩子共同成长 ························· 54
二、家校联系本：记录作业，及时沟通 ························· 58
【我的案例】家校本，让孩子的心灵开花 ························· 58
三、电话沟通 ························· 61
四、现代媒介，巧妙运用 ························· 62
【我的案例】心与信的沟通 ························· 63

第五章　进行家访，心心相印 ························· 73
一、约谈家长 ························· 74
二、对"弱势孩子"的上门家访 ························· 75
【我的案例】雨儿点点 ························· 75
三、特殊情形下的上门家访 ························· 80
【我的案例】她为什么总是在校外拿别人的东西 ························· 81
四、把握"偶遇"，适时交流 ························· 87

第六章　邀请进班，心满意足 ························· 89
一、家长参与班级活动 ························· 89
【我的案例】"欢庆圣诞，迎接新年"大联欢 ························· 91
二、协助管理班级活动 ························· 93
【我的案例】参观徐志摩故居 ························· 94
三、家长进课堂 ························· 96
四、家校互动日 ························· 98
五、大手拉小手的表彰活动 ························· 98
【我的案例】大手拉小手——九月表彰会 ························· 99

第七章　亲子活动，振奋人心 103

一、10 岁成长礼 103

【我的案例】10 岁成长礼 105

二、女生节、男生节庆典 108

【我的案例】我形我秀，庆贺男生节亲子会 110

三、小红军亲子体验活动 112

四、亲子毕业庆典 115

第八章　孝敬课程，心花怒放 123

一、隐性投资——建设孝敬班本课程 123

二、开展节日孝敬活动 126

三、劳动教育促进孩子全面成长 128

四、开展孝敬主题班会 135

【经典课例 1】学会感恩，孝敬父母（低年级版）......137

【经典课例 2】学会感恩，孝敬父母（高年级版）......143

【经典课例 3】五月最美康乃馨 148

第九章　特别沟通，心平气和 153

一、面对急躁易冲动的家长 153

【我的案例】家长在电话中朝我怒吼 155

二、面对隔代抚养型家长 158

【我的案例】这样一个"特别"的孩子 160

三、面对单亲家庭的家长 165

【我的案例】培养一颗感恩的心 168

四、面对不关心孩子学习的家长 171

【我的案例】学会向家长报喜 172

五、面对不理解班主任的家长 175

【我的案例】我评他为"好家长" 176

第十章 温馨鼓励，心潮澎湃 ·················· 179
　　一、多元激励 ································· 179
　　二、给力父爱 ································· 181

后记：这一刻，便是圆满 ······················ 187

第一章　家校沟通，意义非凡

苏霍姆林斯基曾说："最完备的社会教育是学校教育和家庭教育的结合。"学校教育和家庭教育相结合不仅可以促进学生的健康成长，而且在家长与教师的沟通和合作中，还可以促进家长与教师的共同成长。

家庭与学校之间互相影响、互相作用，不仅可以提升学校的教学与管理水平，而且可以促进社会的基本单元——家庭的进步和发展，进而实现社会教育的进步和发展。没有对子女的教育，没有对学校生活的积极参与，没有成人与孩子之间精神上的碰撞和相互充实，就不可能有作为社会基本单位的家庭本身，不可能有学校这个重要的教育教学机构，也不可能有社会精神的进步。

家校沟通是小学班主任工作中的重要内容，它具有重要的意义：既可以促进学生的发展，也可以促进家庭和学校的发展；既可以促进家长和教师的发展，也可以促进社会教育的进步。

一、对孩子成长的积极意义

如果班主任善于沟通，家校携手，那么就能够为孩子营造良好的教育氛围，促进孩子的健康成长。

1. 促进孩子人格的健全发展

在社会转型期，家庭结构也发生着巨大的变化。以核心家庭为主体，单亲家庭、隔代家庭、重组家庭、流动家庭及留守家庭等不同形式的家庭结构，已经打破了传统的、单一的家庭结构。在这些家庭中，家长或忙于生计，疏忽了孩子；或在异地工作，无法直接照顾孩子，更谈不上对孩子进行教育了。留守儿童在劳务输出大省、贫困山区已是非常突出的问题了。而发达地区普遍存在隔代抚养的

家庭教育问题等。父母关爱的缺失对孩子早期人格的形成会产生不良的影响。家长缺少必要的家庭教育知识,不能及时解决孩子成长中的问题,更是会造成孩子成长中的人格冲突和矛盾。

如果班主任专业能力突出,拥有丰富的教育教学经验、先进的教育理念,那么,孩子从进入学校开始,家长也获得了借助学校教育资源,进一步学习的机会。家长和学校彼此之间有效、和谐的交流,可以促进二者在观念和行动上的一致性,共同影响孩子人格的发展。

2. 提高孩子的学习热情

学校作为传播知识的重要场所,在孩子的成长过程中扮演着重要的角色。"学校教育是一种群体教育。如果单从学习成绩来看,总有一部分学生落后于大部分学生。应该说,在同一所学校,特别是同一个班级的学生所接受的学校教育水平没有什么差别,学生的智力也没有多大的差别。"如果我们单纯从学习成绩的优劣来衡量学生的知识掌握情况,那么可能会导致认识的偏差。有一些孩子智力水平接近、接受的教育也接近,在相同的班级由相同的老师进行授课,但学习成绩差距很大。这不禁会引发我们的思考。

其实,学习成绩的差异不仅反映了知识量的多寡、知识背景的宽窄,而且反映了学习习惯、学习态度、学习意志以及家长对孩子教育的重视程度等方面的不同。家长的素养、家庭的教育氛围及家长的教育行为更能深深影响孩子的学业。

良好的家校合作,可以为孩子营造一种连续的、共通的、积极的文化氛围。通过学校、班主任、任课老师与家庭的有效沟通,可以提高家长的素养,改变一些行为,让孩子感受到来自家庭和学校的共同关注,进而提高自身学习的热情。

3. 提高孩子的生存能力和发展能力

生存能力与发展能力是每一个人适应、融入社会生活的基本能力。如何在复杂的社会中生存和发展下去,需要通过教育获得相关的技能。学校和家庭是学生成长的重要环境,也是实施教育的两大主体。国际21世纪教育委员会向联合国教科文组织提交的报告《教育——财富蕴藏其中》中指出:"21世纪教育的基本作用,似乎比任何时候都更在于保证人人享有他们为充分发挥自己的才能和尽可能牢牢掌握自己的命运而需要的思想、判断、感情和想象方面的自由。"这就是说,学生在未来生存和发展的能力不仅局限于单纯掌握知识和技能,而且包括身体、心理、道德观念、人生观、价值观、创新思维等方面的综合发展。

学生的生存能力与发展能力不是与世隔绝的,是在逐步适应社会环境中获得的。家庭和学校的合作,可以为尚未成熟的个体提供提前接触社会的场所。面对纷繁复杂的社会生活,学生在了解社会、适应社会中存在许多困惑。家庭和学校的良好沟通能够确保学生树立正确的世界观、人生观和价值观。学校和家庭应共同努力,帮助学生适应社会,提升其生存能力与发展能力。

一条绿兔毛围巾

第一眼看到小燕,感觉她与国内颇受争议的国际名模吕燕长相颇为相似,美得别有味道。这孩子性格内向,沉默寡言,衣着朴素,学习成绩一般,属于不引人注目的那一类。

我翻看了孩子的成长记录册,父母一栏中只写了爸爸两个字,且爸爸的年龄已过五十。我颇感蹊跷,与孩子聊天才得知她从小就没有妈妈。于是,我找她原来的班主任询问,得知这个孩子是领养的,是她奶奶和姑姑把她养大的。小燕的爸爸是轻度低能儿,能从事一些简单的体力活,没有娶妻生子,一直跟随着她奶奶和姑姑生活。为了解决养老之忧,奶奶为她爸爸领养了小燕。这个孩子平时的生活起居主要由奶奶打理,学习由姑姑负责。姑姑和他们住在一个小区,姑姑家里还有一个哥哥,也在我校的某个五年级班上学,品学兼优。

噢!原来这样。我对小燕有了更多的关注。我时常找她聊天,她告诉我现在很少去姑姑家,也不好意思总去姑姑家。平时她和年迈的奶奶住在一个房间,她的爸爸住在隔壁。她也知道自己不是爸爸所生,是奶奶和姑姑领养的,言谈之中,孩子充满了淡淡的忧愁和无奈。

某天,静坐在校园花坛一块圆圆的石头上,我给她讲了台湾省十大杰出青年赖东进的故事。

赖东进,台湾省台中市乌日乡前竹村人,祖父母为佃农。其父在22岁时因患眼病失明,靠乞讨为生,从此沦为乞丐。在37岁时,其父捡到一个18岁的重度智障流浪女,收养并与之结合,生下赖东进等姐弟12人。他曾是一个被人嘲笑的小乞丐,父亲是盲人,母亲与大弟精神异常又重度智障,一家14口全靠他乞讨为生。他在墓地、猪圈中睡了20年,忍受了20年的讥讽、耻笑与鄙视,凭着"不服输"的意志,从小努力学习并拼命工作,养活了一家人。后来凭借自己的努力,他进入中美防火公司工作,现任厂长兼生产部经理。

1999年,他光荣当选台湾省第37届十大杰出青年。2000年,他将个人经历写成一部小说发表,即《乞丐因仔》。他的经历向世人证明,乞丐也有出人头地的一天!"但是,我要说,我对生活充满了感恩。我感谢我的父母,虽然他们身体不健全,但他们给了我生命,至今我还跪着给他们喂饭。我还感谢苦难的命运,是苦难给了我磨炼,给了我与众不同的人生,我也感谢我的丈母娘,是她用扁担打我,让我知道要想得到爱情,就必须奋斗,必须有出息……"

小燕听后很受触动。我告诉她:"要想改变自己的命运,必须要努力!"

为了孩子能有更好的发展,后来,我拨通了小燕姑姑(孩子留下的联系方式)的电话,告诉她我要去家访。

一个周六的下午,我来到学校后面的小区,这里居住着颇多外地人。在小燕姑姑的电话引导下,我终于来到了小燕的家。小燕爸爸不在,她奶奶和姑姑都在,姑姑热情地泡茶、送水果来招待我。

我示意小燕去房间看会儿书。她的房间极为简陋,只有两张床,没有写字台、台灯及书架等学习用具。我告诉她奶奶和姑姑,孩子很乖,字写得越来越漂亮了,学习成绩也在进步,就是有点内向,上课不爱发言,一个人有些郁郁寡欢。

小燕奶奶告诉我,小燕是从一个砖瓦厂的外地人那里领养来的,全家人都很宠她。小燕奶奶还讲了许多艰辛抚育她的事情。年老体弱的奶奶拉扯大一个孩子的确不容易。她姑姑虽然有自己的亲生儿子,但也把小燕当亲生女儿一般对待。

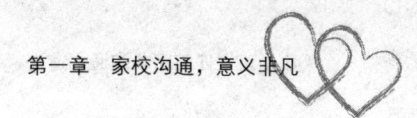

小时候，小燕经常去姑姑那里，完成作业后奶奶才接她回来。现在渐渐长大，小燕越来越不肯去姑姑家了。

我告诉她们，孩子慢慢在长大，心里也在开始寻找家的归属感，总在姑姑家做作业的确也不合适，希望她姑姑能帮助她添置一个写字台、台灯和书架等用具，给孩子创造良好的学习环境。她姑姑和奶奶听了我的话后，觉得很有道理，答应马上为孩子置办。

我让小燕姑姑有空时多与孩子聊天，多让她儿子陪陪她、帮帮她。尤其是出去走访亲戚或者办事时，带她一起去，能增加她的社会交往技巧，让她多开开眼界。

听了我的话后，她姑姑对我说："的确忽略了这一点。以前我让她和哥哥一起出去走亲戚，许多时候她都说不想去。以后，一定在这些方面多加引导。"

我把孩子姑姑的电话号码存了下来。每当小燕取得进步时，我都会向她姑姑报喜：小燕姑姑，在您的关心和帮助下，小燕越来越活泼了。今天的语文课上，她共发言三次。我替小燕谢谢您！

小燕姑姑回复道：其实，最要感谢的是许老师。是你的关心，让我家小燕有了这么大的进步！

……

在我和小燕姑姑的共同努力下，家庭和学校之间的沟通一直十分顺畅。小燕一天比一天变得活泼，她与同学、老师的交往也有了显著的变化。她脸上的笑容越来越灿烂，甚至还因进步很大被评为班级积极分子。我送了她一条绿兔毛围巾以示祝贺！围着围巾的她，双眼变得更加灵动而富有生机了。

沟通之道

其实，班级里时常会有一些"特殊"家庭里的"特殊"孩子——或是留守儿童，或是特困家庭的孩子，或是隔代抚养的孩子等。面对这些特殊的孩子，班主任除了要给予一些特别的关爱，平时多与孩子沟通、聊天之外，还要与其家长真诚地沟通。

上述案例中的小燕是一位可怜但不缺爱的孩子，她爸爸低能，由奶奶和姑姑抚养长大。随着年龄的增长,特殊的家庭让孩子产生了一种自卑的心理。在上门家访以及和她姑姑沟通时,我主要把握以下技巧。

(1) 以赞扬为主,看到孩子的优点。

生活在特殊家庭里的孩子,相对来说,人格的发展滞后些。对此,班主任与家长沟通时要以赞扬为主,充分肯定孩子的优点,感谢家长的辛苦付出,得到监护人的认同。比如,我在与小燕的姑姑和奶奶沟通时,充分肯定小燕的乖巧懂事、肯为班级做事、讨人喜欢等优点,并且深深理解奶奶的不容易和姑姑对孩子的全心付出。这样,家长就会初步认同班主任,进而会更支持、配合班主任的工作。

(2) 及时沟通,多肯定家长的努力。

当孩子取得进步时,班主任可以通过电话、校信通等方式,向这些家长报喜,让家长时刻感受到孩子的进步。要注意措辞,比如真诚地说替孩子表示感谢之类的话语,让家长感到开心。

(3) 关注人格,全方位引导家长。

对于这些特殊的孩子,班主任不要始终只看到冷冰冰的成绩,而要全面关注孩子的人格发展、人际交往、学习兴趣等。上门家访或与家长沟通时,不要只说成绩和作业完成情况,要委婉地引导家长全方位关注孩子的健康发展。也是从那次家访之后,小燕的姑姑增加了对孩子的社会交往的指导,开始关注孩子的心理发展。只有家庭教育素养得到提升之后,孩子才会有更好的发展。

二、对家庭教育的完善意义

一个孩子的健康发展离不开良好的家庭教育。如果一位优秀的班主任能够进行有效的家校沟通,那么在一定程度上可以完善家庭教育。

1. 有效补充家庭教育资源

随着经济的发展,家庭收入的增加,新时代的父母不再满足于给孩子吃好穿好,对子女教育问题的重视程度也在逐步提高,对子女教育的投入也在不断增加。笔者所在的县城是经济发达的沿海地区,从幼儿园中班开始,家长便让孩子进入绘画、钢琴、围棋、跆拳道、舞蹈等各类辅导班学习,平均每人每月的辅导费在五百元左右。有的家长甚至每周带着孩子去杭州、上海等地,向知名老师学习钢琴、爵士鼓等才艺。面对名目繁多的课外补习班、特长班、兴趣班,家长都十分舍得投入。从表面上看,家庭占有的有形教育资源似乎十分丰富,但冷静思考后我们会发现,这种教育资源的增加仅仅是以提高孩子的学业成绩、才艺才能为目的。在如何影响孩子的行为习惯、如何走进孩子的内心世界、如何发现并解决家庭教育存在的问题等方面,其实,家长拥有的教育资源极其有限。家长会接收很多来自网络传播的家庭教育信息,会传承上一辈的家庭教育经验,也会反思自身成长中的家庭教育问题,这些资源可以为解决孩子的教育问题提供一定的帮助,但无法从根本上有效地解决问题。

家校的有效沟通、合作为家庭教育开辟了一条新路径。通过共享学校提供的学习资源,参与学校组织的学习活动,参加家长学校、家长会、名家讲座等活动,家长可以接收新的教育理念,掌握孩子成长的最新动态,了解家庭教育中存在的问题。这些资源被补充到家庭教育中,家庭也成了孩子和父母共同成长的场所。

2. 营造温馨的家庭氛围

家庭是孩子成长的重要场所,良好的家庭氛围是孩子健康成长的必要条件。而家长又是家庭生活的主导者,其工作压力、生活压力和夫妻关系等都会直接影响整个家庭氛围。刘良华教授在全国各地进行调查研究发现,晚上父母和孩子一起进餐的家庭,孩子的学习成绩更好。中小学生的心理健康状况与融洽的家庭氛围呈正相关。中小学生的心理健康状况处于较高水平者,其家庭成员之间具有较高的亲密度,互相尊重,自信心强,组织性明确;而中小学生的心理健康状况欠佳者,甚至有明显的心理问题者,其家庭成员之间的亲密度低,自信心弱,组织性也相对较差。

面对纷繁复杂的社会,家庭教育和学校教育都会受到来自社会生活的影响。家庭和学校的沟通、协调可以发挥教育的最大功能。学校教育对家长教养方式的指导,能够帮助其建立和谐、温馨的家庭。

家是孩子心灵成长的港湾

上学期开学典礼的那天早晨，我踏着愉快的脚步走进教室，作为新班主任，我特别想与学生提前交流一下。但遗憾的是，学生都毫无表情地注视着我，没有一点"化学反应"。

当我走到教室后面时，一个人高马大的男生向我热情地打招呼："老师好！"这句话着实让我心生一股暖流。同时，我也知道了这个身材高大的学生名叫小旭。

在随后的日子里我渐渐地发现，小旭的表现并没有我想象得那么好。小旭爱管闲事，热衷于八卦，与同学相处得很差。最要命的是，他背着老师，动不动就扯着嗓子训斥同学。孩子们都不愿意与他交朋友。

有一天，我走在一楼楼梯口，就听见小旭在四楼嘶吼。我快速走上去查看，原来是小旭在向同学咆哮。经过调查、摸底后我才知道：原来，小旭是一位"外交家"，我在场时，他温文尔雅，表现优秀；我不在场时，他猴子称大王，班上没有一个男生没挨过他的打！

我先跟他沟通，后来又打电话联系他的爸爸妈妈，及时向家长反馈了这一情况。他爸爸跟我说："小旭在家脾气很差，时不时就翻脸生气。当着外人的面，也经常让我们下不来台……"

刚刚12岁的孩子，就让家长下不来台？那么这个家庭是否经常处于失控的状态呢？我问他爸爸："小旭易怒、暴躁的脾气从何而来？"他爸爸在电话那头不好意思地说，他们夫妻两人感情很好，但都是犟脾气，时常当着孩子的面吵架。

我告诉小旭爸爸，夫妻吵架实属正常，但孩子大了，要避讳一些，即使吵架也要关起门来，不然会给孩子造成负面的影响。何况孩子正处于青春发育期，父母吵架，对孩子的影响更大。

小旭爸爸听了我的话，在电话那头沉思了片刻，然后说："许老师，你说的有道理！我一定会与孩子妈妈好好沟通，把你说的意思跟她讲清楚。"

我告诉小旭爸爸，要想让孩子有所改变，父母首先要尝试进行改变。有机会我会上门家访，希望他们都能在家。

我一直在寻找上门家访的机会。但是,怎么开口才能让家长心里舒服呢?一天,我看到小旭在生活作文中写道:"同桌小宵很难搞,我坐过去一点儿他就发牢骚。我去问小航题目时,小宵还暗示小航不要告诉我……"他在文章中表达了他的愤慨。

我正要询问他俩是怎么回事时,突然发现我的桌子上放着小宵的一封信。整整两页信纸,上面列满了小旭的种种"劣迹":我的手臂不能靠过去一点,一靠过去小旭就大声喊叫;小旭动不动就生气发火……小宵在信中恳求我:"许老师,我实在忍不下去了,您给我换个座位吧。"

我把小宵叫到走廊上细细询问。原来,小旭做作业时总想抄袭,遇到稍难一点的题目,就让成绩好的小航教他怎么做。小宵多次暗示小航不要教小旭,曾两次当场"检举"小旭,导致他难堪,于是就有了小宵信中所描述的种种不和。

于是我找到了上门家访的最好时机。我与孩子的父母约定时间,揣着这封信,亲自到小旭家进行家访。我把信拿给他爸妈看。他们看后十分惊讶,告诉我,小旭与他们交流时通常只说同学误会他,对他不好,他才那样做的。小旭尴尬地朝我看看。

我让小旭先回自己房间一会儿。然后,我与小旭父母开诚布公地谈了我的看法和建议:现在问题的关键是小旭与同学处不好关系,动不动就朝同学吼叫,同学见了他都有点敬而远之。希望他们不要当着小旭的面吵架,做和善的榜样;建议他们每天抽时间多陪伴孩子,可以让孩子聊聊学校里的事情,或者和孩子一起做运动;在人际交往方面,建议他们平时多与孩子沟通,从正面进行引导……

小旭父母听完我的分析,觉得很有道理,诚恳地说以后不在孩子面前吵架了。我也对小旭妈妈说:"想要孩子改变,父母都要改变。"小旭妈妈对我说:"我在羊毛衫门市部上班很累,而自己又有洁癖,下班回到家又要搞卫生、做饭,有的时候脾气的确不好。但为了孩子,我一定会改变自己的。"

家访的当天晚上,告别小旭父母时已经是晚上九点半了。

后来小旭的情况渐渐有了好转,与同学的相处越来越融洽了,成绩更是一天比一天进步。我任命他为班级纪律委员,专门负责班里的纪律和安全。他不时告诉我,现在他的爸爸妈妈不怎么吵架了,双休日也有人陪他了。他觉得很幸福、很开心!

平时我与孩子的父母联系颇多，也与他们建立了深厚的友情。在孩子毕业前，小旭父母邀请我去茶馆喝茶，正式向我表示感谢。看着他们一家人融洽地生活，我由衷地为小旭感到高兴，为他们一家感到高兴！

沟通之道

一个温馨的家庭才利于孩子的成长；夫妻的和谐相处才能让孩子身心健康。事实上，不是所有的夫妻都能达成共识，愉快地相处的。一般来说，生活在不和谐的家庭里的孩子要么胆小怕事，内向且沉默寡言；要么具有攻击性行为，不善与人相处。

（1）**因势利导，家访时父母双方都在场。**

当局者迷旁观者清，有时候，父母双方或者有一方根本不把夫妻间的吵吵闹闹当回事儿。如果班主任没有进行这方面的沟通，那么家长有时也意识不到自己的行为对孩子造成的潜移默化的影响。家访时，孩子的父母最好都在场，班主任可以真诚地剖析。不过，清官难断家务事，沟通的目的不是为了评判谁对谁错，而是要委婉地提醒家长：夫妻吵架是正常的，但要有所避讳，千万不要当着孩子的面吵架。

（2）**收集"证据"，沟通时触动父母的心灵。**

孩子在家庭生活中会直接感受到父母关系及情绪的变化，同时这种感受又会给孩子带来心理压力，以及认识上的偏差。带班久了，我时常能从孩子的日记和习作中，读到他们的父母吵架、离婚、再婚给孩子带来的不安和恐惧。比如，上述案例中的小旭，就是他的同桌给我写了一封信，记录了小旭在与同学交往中的不足。当时，我拿着这封信去家访，给小旭父母带去的震撼较大，家长没想到孩子跟同学相处存在这么多问题。他们随之也反思了自己的言行，以及家庭氛围给孩子带来的负面效应，并承诺做出相应的改变。

三、对学校教育的正向意义

学校的育人过程并不是孤立的，学校面对的学生教育问题也很复杂，和谐的

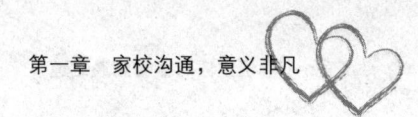

家校沟通，对学校教育的正向意义毋庸置疑。

1. 实现家庭教育与学校教育的合力

对于教师来说，家长是天然的合作者。我们经常会发现这种现象：家长对于孩子的成长充满期待，"望子成龙"、"望女成凤"的愿望使得家长关注自己的孩子远胜过关注其他事情，因此家长有和学校开展教育合作的强烈愿望。在教育的终极目标上，家长和教师是一致的——都希望孩子健康成长。家长关心孩子的教育，为他们提供关于家庭教育的适当建议，他们自然会欣然采纳。只要措施得当，学校拓宽渠道让家长参与学校、班级工作，家长就能成为最好的教育同盟军。

苏霍姆林斯基曾说，儿童只有在这样的条件下，才能实现全面发展，那就是两个"教育者"——学校和家庭，不仅要行动一致，向儿童提出同样的要求，而且要志同道合，抱着一致的信念，始终从同样的原则出发，无论在教育目的、过程上，还是在教育手段上，都要避免分歧。通过家校合作，可以实现这种教育过程的一致性。

2. 家长是重要的教育资源

随着时代的进步，家长的整体素质也有了大幅提升。每一位家长都可能是一本阅历丰富的"教科书"，他们有不同的职业、经历、爱好和特长，是非常丰富的教育资源。在班级工作中，班主任要善于搭建家校共育平台，通过邀请家长进课堂或担任班级孩子的课外导师，充分利用家长的特殊资源，开展各种课外活动。这不仅可以开阔孩子的视野，而且能够让家长的才能得到展示，进一步激发和提高家长参与学校教育的主动性和积极性。家长参与学校、班级活动的形式可以常态化，使学校和班级充分向家长开放。家长不再处于被动和从属的地位，能进一步增强他们的责任意识。

我所带的班级每学期邀请家长进课堂一到两次，期间还有家长义工协助开展其他的班级活动。家庭—学校教育形成一个共同体，充分利用家长资源，让孩子们走得更远。

我的案例

小祺妈妈来学校

  小祺是个非常可爱、调皮的姑娘,她梳着樱桃小丸子头,圆圆的脸蛋,一笑就露出两个小酒窝。她幽默且口才好,上知天文下知地理,懂的东西多,与同学相处和谐,是大家眼中的"开心果"。五年级一次习作课要求写一位同学,全班五十多个孩子有近二十个孩子都写了小祺,大家都提到了她的可爱和幽默。

  然而,就是这样一个孩子,除了英语成绩不错之外,其他三门学科几乎在班级所有女孩的成绩中排倒数。人看上去很机灵,就是成绩上不去。小祺喜欢偷懒,经常完不成作业,有点马虎潦草。表扬、批评、改错题本……什么方法都试了,可收效甚微。

  小祺的奶奶是一位退休教师,很重视孩子的教育。据她说,小祺低年级的时候,学习都由她负责。奶奶有空时就让她做一些考卷,成绩倒也不错。后来,在银行上班的妈妈觉得奶奶把孩子逼得太紧,对孩子成长不利。于是奶奶慢慢就把管理孩子学习的任务交给了小祺妈妈,但孩子的成绩一直上不去。

  当初接这个班级时,我就发现小祺这个女孩有点特别:上课时发言很积极,做作业经常有偷懒现象,成绩犹如踩高跷——一会儿高,一会儿低。如果这个单元没考好,那下一个单元必定能考好,等到再下一个单元又考不好了……于是,我与小祺妈妈电话沟通,从她的话语中能够感到小祺妈妈也重视孩子的教育,但由于银行的工作十分忙碌,每次回家看到女儿在书房里用心做作业,也不忍心批评。而小祺爸爸也十分疼爱宝贝女儿,即便她考试成绩太差,也不会批评女儿一句。

  这样下去总不是办法!怎么激发小祺的学习劲头呢?我一时陷入了沉思之中。

  又到了每学期的家长进课堂报名时间了。我让孩子们报名,一只只小手高高举起,小祺的手也举得很高。对啊!小祺妈妈在银行上班,刚刚过完年,孩子们收到的压岁钱都很多,要不,请她来讲讲如何合理使用压岁钱?利用家长的特长,调动家长的积极性,或许,孩子妈妈更能重视孩子的教育吧?于是我说:"小祺最近表现积极,请你妈妈来给我们上一节理财教育课,怎么样?"小祺开心得手舞足蹈。

我第一时间给小祺妈妈打电话,邀请她来为孩子们上一节理财课。小祺妈妈很高兴,并且爽快地答应了。我俩也第一次围绕孩子的教育等问题聊了很久。

一周后,小祺妈妈准时来到班级上课。她制作了精美的课件,再加上流利的表达,把如何合理使用压岁钱讲得深入浅出。她从犹太人对孩子的理财教育讲到全世界的富翁,再到如何合理分配压岁钱,精彩极了。同学们和小祺一样,都听得十分投入。

我发自肺腑地对小祺妈妈说:"你的课讲得真好,有水平,让我也懂得了许多。"小祺妈妈说:"谢谢许老师鼓励,教育孩子依然需要努力。"课余,我跟小祺聊天,对她说:"你妈妈的课讲得特别生动。"她笑着对我说:"我也没想到妈妈的课会讲得这么精彩。"我说:"有其母必有其女,相信只要努力,你肯定也会像你妈妈一样优秀。"

参加完那次走进课堂的活动之后,小祺妈妈比之前更加关注孩子的学业了,也比以前更加用心了。在我的建议下,她坚持每周与我通一次电话,及时和我交流孩子各方面的表现。投之以桃报之以李,小祺在期末考试中,取得了从未有过的优异成绩,还被评为"风雅少年",成为一位品学兼优的好学生。

沟通之道

上述案例中一位工作繁忙、原本不怎么关注孩子的妈妈,因为一次家长进课堂活动,充分发挥了才能,让她的孩子和班上其他孩子都见识了自己的才能,所以,这位妈妈教育孩子的积极性被调动了起来。小祺妈妈走进课堂后,竟起到了如此大的"化学反应",这着实让我惊喜不已,也更坚定了这条家校合作之路。

(1)从孩子的角度,力邀家长进课堂。

与家长沟通参加走进课堂等类似的活动,是一门艺术活。通过打电话或QQ、微信邀约时,要站在孩子的角度。第一,可以告诉家长,由于孩子的进步和努力,某个阶段表现良好,所以家长才被邀请走进课堂,这份荣耀属于孩子。第二,要清楚地告诉家长,参加这样的活动对孩子肯定有很好的促进和激励作用;

同时又能展示家长的才华，提高父母在孩子心目中的地位。站在孩子的角度邀请家长进课堂，才能点燃家长的热情。

上述案例中的小禛妈妈原本不关注孩子的教育，孩子的学习、生活主要由奶奶负责。后来我抓住机会邀请小禛妈妈走进课堂，邀请她为孩子们上一堂理财课时，完全站在孩子的角度进行沟通。当我说到这次活动对孩子也是一次激励时，小禛妈妈便马上应允了。

（2）颁发证书，真诚地向家长表示感谢。

每一位走进课堂的家长都会花费许多的精力，进行精心的准备。家长从工作生活中挤出时间参与班级活动，教师要真诚地表示感谢。比如，拍摄一些家长在讲课中与孩子们互动的照片，发到微信群、QQ群，与其他未参与活动的家长们共享。对走进课堂的家长，除了真诚地当面致谢之外，最好能在QQ群、微信群中表示真挚的感谢。在班主任的带领和感染下，其他的家长也会有所触动。另外，学期结束时，可以给走进课堂的家长颁发家长义工证书（或感谢证书），给予家长们精神上的鼓励。

家长义工证书

××家长：

真诚地感谢您百忙之中来到我们班级，为孩子们上课。没有一分报酬，但留下了您给孩子们上课时美好的回忆，留下了您讲课时生动精彩的形象。您给孩子们带来了一阵阵头脑风暴，您让孩子们开阔了眼界。

在此，我们真诚地向您表示感谢！

班主任许丹红携全班学生

××年×月×日

走进课堂的家长拿到这样的证书时，一定会感到欣慰，会为这份用心而动容。通过有效的家校沟通，把家长请进教室，请进课堂，参与班级管理，这样学校便获得了坚定的合作伙伴，对学校教育起着正向的作用。

第二章 组家委会，从"心"开始

苏霍姆林斯基说过，教育的效果取决于学校和家庭影响的一致性。如果没有这种一致性，那么学校的教育过程就会像纸做的房子一样轰然倒塌……只有学校教育而无家庭教育，或只有家庭教育而无学校教育，都不能完成培养人这一极其细致、复杂的任务。

《国家中长期教育改革和发展规划纲要（2010—2020年）》明确要求要"建立中小学家长委员会"。家长委员会（简称"家委会"）是由家长代表组成的，代表全体家长和学生参与学校教育和管理、行使教育监督权的一种群众性组织，是密切家校关系的桥梁和纽带，也是实现家校共育的重要组织形式。

教育是一项较为复杂的活动，要使教育活动能够良好地开展，则需要学校与家庭的共同努力。班主任要及时了解学生在家中的表现，以便有针对性地进行教育，同时，家长也要及时了解孩子在学校的表现，以便与老师形成教育的合力，共同促进学生的成长和发展。在促进家校合作中，建立和运行班级家委会是重要的手段之一。家委会的成立有助于完善学校、家庭、社会三位一体的教育体系，对促进学生的全面发展，深入推进素质教育有着重要的意义。

一、组建家委会

其实，家委会并不是一个新鲜的名词。现在的大中城市里，几乎大部分学校、班级都成立了家委会。笔者身边的学校，从幼儿园、小学到初中、高中，几乎大部分学校、班级都成立了家委会。然而，在实际的工作中，多数学校尤其是班级的家委会不过是一个"挂牌组织"，平时形同虚设，仅有名单用来存档，家委会难得举办一次班级活动，因此，未能发挥其应有的作用。

家委会理应成为加强社会、学校、老师、家长和学生联系的重要桥梁和纽

带。当前家委会没有发挥应有的作用,其中重要的原因是,学校和班主任没有让家委会真正参与到学校和班级的教育工作中来。

笔者所带的班级之所以能成功地开展丰富而富有实效的班级活动,依靠的便是家委会的大力支持。我与家委会之间的有效沟通并不是上级要求的结果,而是出于自身工作的需要、孩子们学习的实际需要。这一切依赖于教师观念、工作作风的转变。教师要勇于打破常规,尤其是要提升与家委会成员沟通的艺术,创新班级家委会的模式。

1. 收集意见,倾听呼声,做好准备

在班级家委会建立之初,作为建立班级家委会的引路人,班主任需要向各位家长介绍家委会的重要性,以及家长们在其中的重要作用,让大家在观念上都重视这件事情。

在成立家委会,尤其是选举家委会委员之前,班主任可以利用写信、QQ 交流、电话沟通等方式,了解各位家长对建立班级家委会的想法、对教育孩子的看法、对班级和班主任工作的意见,以及对即将成立的家委会是否充满期待,为建立家委会做好准备。

比如,当前的"80 后"家长们都非常重视孩子接受教育的状况,对孩子的班主任、任课老师的分配,他们的教育水平和能力等总想问个究竟。甚至对于孩子的学习表现,以及与班上孩子的学习表现、学习习惯、学习能力等进行对比方面,往往比老师还要观察得深入、细致、具体,相应地也会对学校教育做出一些评价。

因此,班主任可以利用书面反馈等方式,鼓励每一位家长都能够谈谈自己对教育孩子,以及班级工作的看法。班主任收集好这些意见之后,要认真阅读,同时还要虚心地听取家长的意见和建议,真诚、耐心地倾听家长对班级工作以及教育教学的意见和建议,这样选出的家委会成员才适合自己的班级。

2. 宣传发动,鼓励报名,降低门槛

组建班级家委会,需要广大家长的参与,才能建立起真正有助于班级发展的班级委员会。班主任可以利用班会课、晨会课等时间,向班上的孩子介绍班级家委会的构想,动员每一位孩子与家长进行沟通,邀请自己的家长参加家委会的选

举,并感谢父母对班级工作的支持。先让孩子回家与父母沟通,会有比较多的父母参与到其中。

其实,身边部分家委会的确有点(可能比例也较高)如社会上所说的"拼爹"嫌疑,家委会成员中政府部门、公司领导、私企老板较多。虽然大多数班级家委会都未能真正开展工作,但挂名者多属于"高知、高干"。除了坊间流传的"拼爹说"的因素之外,在单位能够成为领导的家长,其组织能力和决策能力都要比一般人略胜一筹。无论是校级还是班级的家委会成员,都需要有决策能力和活动组织能力的家长来担任。

在班级家委会成立之初,班主任如果仅按照上述标准去指定人选,那么很难取得理想的效果。尤其是有些家长身居要职,但未必有时间参与班级工作,也未必对班级工作有热情、有心力倾情投入。相反,有些家长可能没有什么社会头衔,但很热情也有能力。故通过宣传发动的方式,毛遂自荐的效果比较好。班主任可以让孩子将申请意向表拿回家,请家长主动报名。如果没有多少家长主动报名,那么班主任可以通过单独联系沟通的方式,主动向个别家长发出邀请,这样可以保证新一届家委会组织结构的合理化。如果主动报名的家长人数偏多,那我建议对于申请者可以均予以承认,但是可以根据家长参与的积极性和能力的不同,最终决定谁成为家委会的核心委员。重要的班级议事先在核心委员之间商议,才能提高效率。

在我所带的班级,我一直沿用"家谊会"(下文同)这一称呼来指代家委会这一组织。"谊"有多方面的含义,一是指包含老师、家长的联谊;二是指老师、家长之间的友谊、情谊,二者既是"同盟军",又是合作伙伴。因此,我更喜欢用"家谊会"来称呼家委会。

家谊会——老师的"同盟军"

刚接手小水滴班时,我发现原来班级并没有组建班级家委会。唯一一位校家委会委员是小朵(化名)的妈妈。

这怎么办呢?该怎么来组建我们的家谊会呢?我开始动起了脑筋。首先我利

用晨会课，向全班孩子读了给全体家长的一封信：

各位亲爱的家长：

你们好！

虽然我任教小水滴班已将近一个月了，但和许多家长依然不太熟悉，因为平时接送孩子的都是爷爷、奶奶或外公、外婆。不过特别感谢各位家长对我工作的支持和理解。我特别喜欢班上的孩子们，他们一个个都是那么的聪明和机灵，作业都做得整齐、认真。特别感谢各位家长把这么优秀的孩子送到学校。

教育是一项复杂的活动。学校和家庭的共同努力，才能使教育有良好的开端。家校沟通便为促进教师和家长的沟通搭建了一个交流的平台，同时也为了学生能够健康幸福的成长，使他们能够充分享受到来自教师和家长的关心。为了老师与家长之间能够形成一种教育合力，在班级中多开展一些活动，密切联系各个家庭的孩子们、家长们，让教师和家长成为真正的"同盟者"，拟将在班级成立一个"家谊会"的组织。

不知您是否有意愿参加这样的组织？您对这个组织有什么意见和建议？或者您对孩子的教育、班级工作有什么看法？欢迎您将这些意见和看法写在下面的调查表中，我一定会仔细阅读。

家长朋友们，为了孩子更好的发展，请您尽情地倾诉自己的心声吧！

你们的朋友：许丹红
××年×月×日

您是否有意成为家谊会成员？是（　　）否（　　）

您对孩子的教育、班级工作，以及成立家谊会有何看法？

_____

_____

_____

在下发这封信的同时，我又在班级里做了一次宣传，告诉孩子们，我将在班级成立家谊会，欢迎孩子们回家动员自己的家长，让家长们踊跃报名。当孩子们听说可以在家谊会的组织下开展活动时，一个个眼睛都变得分外明亮了。

第二天，有22位家长反馈信息，表示愿意成为家谊会的成员。家长们纷纷在调查表中留言，有的说工作实在太忙了，没有时间参与这个组织；有的说希望家谊会能为孩子们、家长们服务；有的说希望班主任、任课老师能经常向家长反馈一些孩子们的信息；有的提议班级多开展一些活动，增进家长们之间的交流……

我逐条仔细地阅读着，梳理过后，全部记录在计算机中。最终这22位家长全部被吸纳了进来，成为小水滴班的家谊会成员。但是，这么庞大的队伍肯定需要主心骨，于是，我又开始动起了脑筋……

沟通之道

建立家谊会、成立家长组织后，可以协同班主任、任课老师一起做好孩子们的教育工作，这是一件事半功倍的事情。但是，在家谊会成立前、成立初期，班主任的引导至关重要。

（1）态度一定要真诚。

其实，一位班主任是否在用心带班，是否在用一颗真诚的心对待班上的每一位孩子，家长是很容易感受得到的。给全体家长写一封信，告诉他们，班上要成立家谊会，需要热心做事、愿意为班级付出的家长参与进来，希望能有家长积极报名。其实，班主任可以不用担心没有家长报名，无论是在农村还是在城镇，每一个班级中总有一些既热心又热情的家长，乐意为孩子、为班级做事。

（2）要挑选热心、热情的家长。

一般来说，班级里一些身居要职或者经济条件非常好的家长，并不一定有时间、有热情来做家委员的成员，为班级做事。班主任可以尽量挑选一些时间上相对宽裕，有热心、有爱心的家长。无论采取什么方式，都要注意避免让家谊会的成立变成一场"拼爹、拼妈"的作秀。

（3）真诚地鼓励家长。

德国著名的教育家第斯多惠说过："教育的艺术不在于传授知识和本领，而在

于激励、唤醒和鼓舞。"家长也是需要鼓励的。对于入选家谊会的家长,班主任要真诚地表示鼓励和赞赏。比如有的家长一开始不怎么会开展家谊会工作,或者做得不太理想,班主任依然要真诚地进行沟通,引导家长组织、开展好活动。

二、确定核心家长

如果家长的工作不是特别繁忙的话,大多数家长都是愿意加入家谊会的。如果报名人数偏多,一支庞大的队伍办事效率肯定不高,那么需要最终确定几位核心成员。他们也可以被称为家谊会的常务委员,一般5~8人较合适。

1. 分组组合,尽快熟悉,推荐小组候选人

班主任根据家长自荐的报名,依据全班学生的性别搭配、学习成绩、家庭住址,以及家长的工作单位、职业等信息,对报名的家长进行分组,每组人员以6~8人为宜,每个小组设一名主要联络员。现在"80后"的家长都会使用微信,通过建立微信群的方式进行分组,便于家长之间尽快熟悉。每个小组的主要联络员同时也是小组内的微信负责人,要组织小组讨论,说说自己对班级家委会的期待和建议。这样的讨论也拉近了家长之间的距离,产生了许多合理化的建议,成为后来班级家委会开展工作的依据。

2. 发表演讲,进行选举,确定核心家长

每个小组选出候选人之后,利用学校里每学期一次的家长会,或者也可以利用微信群、QQ群的语音功能,让候选人在全体家长面前进行相对简短的演说,然后再进行选举。因为候选人都将成为班级家谊会的核心成员,大家只是分工不同,故班主任可以在选举前与家长沟通一下,让他们放下包袱,把最有想法、最乐意为班级服务的家长选举出来。在选举家谊会的核心成员时,要注意家长尽可能来自不同的领域,不仅要有出点子的人物,而且要有干实事的人物,这样有助于发挥整体效果,从而建立较为合理的班级家委会。

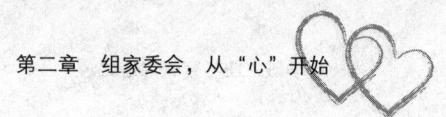

家谊会竞选

红苹果班是最考验班主任工作能力的一个班级。一年级的第一次期中考试，我班落后获得第一名的班级将近17分之多。无论我和数学老师怎么努力，我们班的成绩在整个一年级都很差。除了语文、数学成绩上不去，其他所有的比赛，比如，语文写字比赛、数学口算比赛、美术画画比赛、体育运动会、跳绳比赛……我们班也几乎全是垫底。

怎么办？一段时间内，心急火燎的我陷入了无奈、焦灼中。后来，我想，只靠我和数学老师两个人，就算我们把在校的时间全都用来给这些孩子补课，效果恐怕也不会很大。我要想办法，尽可能挖掘家长的积极性，让家长支持和配合我的工作，成为我的"同盟军"，这样才能调动孩子们的积极性。于是，我告诉班上的孩子们和家长们，红苹果班即将成立"家谊会"。

共有包括小洁妈妈、小煜妈妈、小叶爸爸、小怡爸爸、小峰妈妈等在内的12位家长报名。他们都来自各行各业，有私企业主、上市公司员工，也有自由职业者、星级酒店厨师等。我相信，班上这十多位家长肯定是最重视孩子教育的家长。

这些家长后来全部被吸纳了进来，成了班级家谊会的成员。那么谁应该成为其中的核心人员呢？我按照居住地就近为主的原则，成立了六个小组，各自推选出小组候选人。最后，小煜妈妈、小蝶妈妈、小洁妈妈、小怡爸爸、小青爸爸、小豪妈妈这六位家长成为家谊会核心组织的候选人。我请他们每个人准备2～3分钟的竞选演讲，六位候选人也都欣然应允了。

家长会这一天，家谊会的竞选成了重头戏。六位年轻的家长逐个上台演讲。请看小煜妈妈的演讲——

> 亲爱的许老师、各位红苹果班的家长：
> 　　晚上好！
> 　　很感谢大家给我这个机会，参加班级家谊会的竞选，首先我介绍一下自己。
> 　　我叫××，是小煜的母亲，目前在做个人私企，家住学校对面的龙庭国际

小区，孩子爸爸也在一家私企工作。

孩子是我们的未来，教育好孩子，让孩子健康、快乐地成长，是我们的共同心愿和责任。跟我们这一代人相比，现在的孩子物质条件比以前优越得多，这是时代的进步。我们也为孩子处在这样的时代感到高兴。但是，也许正是由于物质条件过于优越，孩子也会因此失去一些东西，比如吃苦耐劳、节约、团结互助、恪守职责的精神等。这些都是中华民族宝贵的精神，孩子们理应将这些精神传承下去。童年是人生最美好的一段时光，它应该与歌声相随，与阳光为伴，我们需要创造条件，让我们的孩子自由自在地享受这样的时光。

基于此，我认为家谊会的职责是：积极配合学校的教学工作，让孩子们传承优良的传统文化，让他们拥有健康快乐的成长空间。

我家小煜能够进入这么好的学校，遇到这么热爱教育、关心孩子的老师，拥有这么多团结友爱的小伙伴，还有这么多热心的爸爸、妈妈们，真是十分幸运。孩子进入学校到现在，红苹果班的许多事情让我感动，比如××妈妈等家长热心地张罗班上的事务、许多家长积极组织班上的游华庄活动等。我希望能够有机会能为这个团体出一份力，尽一份责。

虽然我学历不是很高，只有高中毕业，但我热爱学习，平时经常阅读家庭教育类书籍。我可以在原来教育理论的基础之上，继续研究儿童教育的特点，协助家谊会在儿童教育方面出力。虽然我之前工作比较忙，但为了孩子的发展，今年我特意聘请了一位员工帮助打理店铺，这样可以保证有相对宽裕的时间，参与家谊会的工作。另外，我家就住在学校对面，按照社区业委会文化建设规划，未来龙庭国际社区会被打造成传统文化教育的特色街区，因此，我可以协助许老师，带领班级的孩子、家长多开展一些活动，和我们小区进行联谊。虽然孩子的爸爸平时不太管孩子，但他也非常支持我做这份工作。

我诚恳地希望各位爸爸、妈妈能够给我这个机会，谢谢大家！

听完这样的演讲，我也情不自禁地鼓起掌来。之后其他五位家长都表明了自己的态度，表示愿意为班级、为孩子们服务，多出点子，多开展活动，多出谋划策。

最后，经过选举，全体家长一致通过。我站到台上首先说明确定这六位家长为红苹果班家谊会的核心成员，并热烈地宣布：小煜妈妈为红苹果班家谊会的会长。我们将在第一次家谊会会议上确定其他人员的分工。后来我再次感谢这六位家长。

原本我还担心候选的家长们不愿意发表演讲，后来证明我想多了。这样选举出来的家谊会核心人员，他们的积极性都很高，也更珍惜这样的机会。

沟通之道

成立家谊会需要确定一些核心家长，他们是家谊会的灵魂人物，是真正组织大家开展活动的负责人，那么在与他们沟通的过程中，要注意以下几点。

（1）小组推选家长候选人。

以居住地就近为原则成立家长小组，每个小组推选一位最热心、能力最强的家长作为小组代言人，即家谊会核心人员的候选人。家长一致推选出来的候选人最有说服力，也最能代表家长们的心声。

（2）消除家长顾虑，充分参与竞选。

班主任事先应该与被小组推出来的家长积极沟通，让家长明白这是大家推选的结果，代表了民意，请对方不要推脱，然后叮嘱家长准备一份演讲稿，积极参与核心人员的竞选。同时，要告诉家长不要有什么顾虑，因为我们采取的是零淘汰，群众推选出的人员，人人都会上岗。在全体家长面前参与竞选，目的是表达每位成员的激情和热情。这样的沟通会让家长感觉很入心，零淘汰制度也会让家长放宽心，他们准备竞选的热情会分外高涨。

三、分工、制定工作章程

通过竞选确定核心家长之后，下一步要对家谊会进行分工，并且制定家谊会工作章程，这也是非常重要的。

1. 指导分工，按能设岗，调动家谊会的积极性

家谊会核心成员一般设会长一名、秘书长一名、外联委员一名、内联委员一

名、活动委员一名和财务委员一名。会长一般兼校级家谊会会员一职。

家谊会会长是整个家谊会的主心骨，要有统筹大局、运筹帷幄的能力。秘书长相当于会长的助手。外联委员多由社交广泛的家长担任，需要负责征订班服、运动会器材借用、寻找活动场地等事项。内联委员则负责孩子们和家长、老师之间的联系，包括作业量的反馈。如果有家长对某任课老师有看法，那么内联委员也要积极做好双方的沟通工作。活动委员专门负责各项班级活动，比如校门口站岗服务由每个班级负责一周，活动委员需要统筹安排，邀请家长义工协助。财务委员一般由认真、细心的妈妈担任。

家谊会常务委员会议每学期一般开两次。一次可以安排在学期初，目的为了讨论、制定新学期的规划。另一次可以安排在寒假或暑假期间，以喝茶、聊天的随意方式进行，目的为了总结一个学期的得与失。家长协助班主任做事并不是一种义务，完全出自每个人的心愿。一学期下来，家长们都在为班级出钱、出力，故班主任可与家谊会成员在公园、茶楼、植物园等地相约小聚，以对家长表示感谢。

2. 发挥作用，制定章程，保证家谊会的有效运行

俗话说得好，没有规矩不成方圆，班级家谊会的运行，其中重要的一点就是委员会章程的建立。因为家谊会不仅需要家长成员的积极参与，而且需要一种规章制度来保证家谊会的有效运行，使家长通过这一组织，能够更好地行使其参与、决策和管理班级事务的权利。

家委员的各个成员都充当了不同的角色，因此，每个人要明确各自的职责，要根据具体事情具体分析。在明确了具体任务之后，根据各自的职责去做，这样才能更好地履行所应承担的责任和义务。

以下是我所带的"红苹果班"的家谊会名单：

红苹果班家谊会名单
会长兼校家谊会会员：小煜妈妈
秘书长：小蝶妈妈
外联委员：小怡爸爸
内联委员：小洁妈妈

> 活动委员：小青爸爸
>
> 财务委员：小豪妈妈
>
> 会员：小存妈妈、小行妈妈、小鑫妈妈、小峰妈妈、小叶爸爸、思佳妈妈
>
> 家谊会会员的职责：热心为班级、为孩子们服务。做好家庭与班主任、任课老师的沟通工作，积极开展各种活动，以培养孩子们的各项能力。
>
> 核心成员的主要职责：
>
> ①会长：全面统筹家谊会的工作，主持家谊会会议。
>
> ②秘书长：协助会长开展班级活动，负责联系各项事务。
>
> ③外联委员：负责征订班服，班级开始拓展活动时负责联系场地等。
>
> ④沟通委员：当学生或家长有不明白的地方时，做好学生与班主任、任课老师的沟通工作。负责班级微信群、QQ群的值班分配。
>
> ⑤活动委员：负责策划和安排家长进课堂等各项班级活动。
>
> ⑥财务委员：管理各种班级经费，记录各种开支账目并公示。

沟通之道

家谊会成立之后，召开第一次核心家长会议至关重要，班主任需要进行良好的沟通和指导。

（1）团结一致，明确总体职责。

许多家长以前从来没参加过类似的组织，第一次来参加会议，难免会出现无所适从的现象。这时候，班主任可以与家长们围坐下来，告诉他们，核心家长是班里所有家长们一致推选出来的，代表一种信任。家谊会这个组织属于公益性质，主要为了协助班级工作，因此没有一分报酬，需要家长们付出热心和汗水。总之，要让核心家长明确方向，家谊会组织的目的是为班级、为孩子们服务。

（2）确定分工，发扬团队精神。

家谊会也是一个团队，因此团队成员中既要有领头羊，也要有不同的分工。家谊会会长一般由班主任任命，其他职位如秘书长、外联委员、内联委员、活动委员、财务委员的安排，以及他们要履行的职责，可以与家谊会的各位家长提前

沟通，让家长根据自己的爱好、特长，自由选择职位。比如，可以让持有会计从业资格证的家长来做财务委员；让社交活动能力强的家长来做活动委会，负责策划班级的活动；让门路广、认识朋友多的家长来做外联委员会……总之，把握一个原则，那就是让各位家长发挥自己的优点，发扬团队精神。只有分工明确又彼此支持的团队才是富有生命力、充满希望的团队。

四、班主任主导意识的渗透

班级家谊会是由家长代表组成的一种班级教育合作组织。一方面，它代表全体家长的心声，主要反映家长的诉求，积极参与班级管理；另一方面，班主任可以通过这一组织，指导和帮助家长进行家庭教育。通过这一组织，家长能够参与到班级事务中，并且家长与班主任能够有更多的机会进行沟通和交流。

1. 班主任要有主导意识，避免家谊会"越权"

班级是学校的基层组织，班主任又是班级管理的核心，是联系学校与学生的纽带，是班级建设的掌舵人。为保证家校工作的顺利开展，家谊会每学期要开一到两次例会。尤其是开学初的那次例会，班主任需要对家谊会委员汇报新学期的工作计划，广泛征求委员们的意见和建议，对家谊会新学年工作有明确的定位。另外，家谊会也可根据工作需要召开临时会议，共同商议学校临时下达的重大教育活动任务等。

班主任在召开家谊会时要把握一个沟通的原则，那就是：一方面要倾听家谊会委员的意见，尊重各位家长提出的建议；另一方面，班主任也要有自己的主见，特别是对班级发展、班级活动要预先设计好蓝图，做好具体的规划。不要犯脚踩西瓜皮，滑到哪里是哪里这样的错误。

如果班主任自身缺少主见，没有任何思路和规划，那么就很容易出现被家谊会成员"架着走"的现象。教育毕竟是一项专业性很强的工作，学校、班级也有特殊的专业属性。如果家谊会出现"越权"行为，那么很容易让家校工作偏离正常的轨道。总之，班主任要有明确的定位，家谊会在开展工作时要注重实效，不

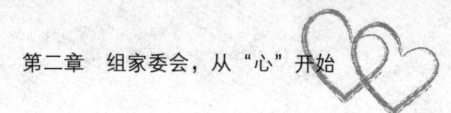

攀比，不在形式上哗众取宠，要体现班级的特点，一切为了学生。

2. 巧妙沟通，树立正气，成为班主任的"代言人"

作为学校、老师和家长、学生之间的重要纽带，家谊会不仅要成为班级全体家长的代言人，而且要成为班主任的"代言人"，与班主任的教育理念达成一致。比如，如果个别家长对学校或班级的工作存在误解时，家谊会成员要勇于主持公道，澄清事实，树立正气。请看以下一则案例。

学校秉着完全自愿的原则，让孩子们征订《小学生时代》或《南湖晚报》。班主任下发了征订回执表。

班上有一个孩子随父母刚搬来不久，家庭条件一般，家里兄弟姐妹又多，家长仅靠打工赚取微薄的收入。这个孩子特别想订阅《小学生时代》，于是在家长的回执单上，模仿家长笔迹写下了"同意"二字，并对他妈妈说："班主任让我们订《小学生时代》，并且说阅读课外书籍对学习有帮助。"他妈妈把征订刊物的钱给了孩子，但心里十分不痛快，就在私底下对别的家长说："现在都说义务教育是免费的，但这所学校怎么这么多收费项目呢？"

一位家谊会成员了解到这一信息后，及时与这位家长在QQ上交流，帮助她解决困惑。通过沟通才知道这个孩子因为特别喜欢阅读《小学生时代》，于是谎称班主任强制所有学生征订刊物。家谊会成员的及时沟通和解释，进一步澄清了事实，并且告诉这位家长："孩子好学并没有错，他非常喜欢这本杂志，由于担心你不让他订阅，所以才想出了这么一招。"这位妈妈说道："家里孩子多，平时打工收入也有限，因此平时各种花销管得都比较严，但只要对孩子学习有帮助，我还是愿意投入的。"在关键的时候，家谊会成员能及时站出来主持公道，树立正气。这些富有正能量的行为，能引导整个班级积极向上。

当班主任遇到一些棘手的问题时，可以与家谊会成员协商，得出最妥当的解决办法。大家集思广益，事情容易得到圆满的结果。家谊会成员要认识到自己的双重身份，同时主动履行职责。此外，班主任更要转变作风，秉承班主任主导、大事协商的原则来解决各种问题。

比如遇到一些重要的事情，班主任可以与家谊会成员商议后，委托一位成

员把相关事宜派发给个别家长，进行书面调查，最后将家长和学生的需求汇总起来。再如，家谊会组织班级开展有针对性的活动，激发更多家长关心班级事务的热情，带动更多家长参与到班级事务中。班主任在遇到困难时不绕道、不回避，主动与家谊会成员沟通，共同寻找最佳的解决方案。班主任务实、求真的工作作风是形成家校合力的重要因素。

3. 心存感恩，家谊会工作透明化

没有一个人有责任和义务，长期为班级和孩子们付出心血。再加上家谊会工作的琐碎，家长不仅要花费时间、金钱（比如，为班级事务支付打车费等），而且还要耗费很多精力。班主任在公平、公正的前提下，要对家谊会成员的孩子平时的学业、习惯、活动等方面多一些关心和关注。而且，要对家谊会始终心存一份感恩之心。要在班级学生或家长的QQ群、微信群或给家长的信中，及时表示感谢。至少要让不求任何回报的家谊会成员感到自己的付出得到了班级和老师的认可，心里多一分温暖。

每次召开家长会，我都会特别感谢班里热心家长的付出。在学期结束时，我常常会给一些热心家长和家谊会成员颁发家长义工证书。有的时候，甚至可以在小范围内组织一次野餐或户外拓展，进一步与家谊会成员拉近关系。这样的活动可以让班里其他家长了解家谊会成员的辛勤付出，对这个组织形成正确的认识，同时也激发更多家长的参与热情，这有利于家校形成一种合力。

沟通之道

在召开家谊会各种会议时，班主任要有预设意识，不能脚踩西瓜皮，想到什么就是什么，更不能让家谊会出现"越权"行为。简言之，班主任一定要有主导意识，要在班主任的引导下，家谊会才能有的放矢地进行工作。

（1）听取家谊会建议，体现班主任的主导地位。

作为学校、老师和家长、学生之间的重要纽带，家谊会不仅要成为班级全体家长的代言人，而且在开展工作时要体现班主任的主导地位，与班主任的带班理念达成一致。家谊会是一个为班级、为孩子们服务的家长代表组织。如果班主

被家谊会绑架，什么都要听取或者征询家谊会的建议，那么真正的教育活动就很难开展。因此，班主任对整个学期要开展哪些活动、家谊会要做些什么事情，在新学期到来前就要有整体的规划和设想。当家谊会成员意见不一致的时候，班主任要有最终决定权，这体现了班主任的主导地位。

（2）尊重为主，充分肯定双方的意见。

当家谊会在组织会议、开展活动时；当家谊会成员出现意见或者分歧时；当家谊会成员在表达自己的看法时，班主任都要予以充分的尊重，肯定各个成员的意见，表达自己的感谢之情。班主任不妨这样委婉地表述："感谢我们班的家谊会，大家群策群力，为了我们的班级都尽心尽力。你们说得都很有道理，大家重在讨论、提出意见，没有对错之分。下面我表达一下我的看法，你们听听看，是不是有道理？"以尊重家长为前提提出自己的看法，这是班主任主导地位的重要体现。

第三章 开家长会，别出心裁

家长会是一种既传统又普遍存在的家校合作方式。它是指由学校或教师发起的，面向学生、学生家长及教师的交流互动、介绍性会议或活动。它最大的优点就是家长和教师能面对面交流，在一定程度上可以保证双方进行真实的情感交流，更容易进行沟通。

一般来说，家长会每学期至少要召开一次，这属于学校的常规工作之一。班主任接手一个新班时，都需要通过开家长会，达到凝聚人心、团结班级的目的。但如果长期带一个班，许多班主任都会为每学期开家长会而犯愁。到底说些什么好呢？该强调的主题之前的家长会上都说过了。有些班主任甚至觉得开不开家长会也没有多大关系，只是为了执行学校的一项行政命令而已。

如果去问问家长的感受，他们也觉得差不多。每年无非就是学校行政领导或年级组长先在电视里统一讲话，然后班主任、任课老师逐个讲话。的确，孩子刚入学时，家长参加家长会的热情都很高。几年下来，大部分家长对家长会都有点唯恐避之不及。因为每年都是这样的流程：领导讲话、班主任讲话、任课老师讲话，最后由一到两位优秀家长发言。班会的主题不外乎是向家长汇报孩子的情况和成绩，然后再提一些需要家长配合的要求等。成绩一般的孩子的家长似乎只是一个旁观者，无法真正参与进来。

这样的家长会教师自己感到乏味，家长更是不消说，也无法达到应有的效果。什么样的家长会才能引发家长的共鸣，触发他们的情感，引起心灵的碰撞呢？什么样的家长会才能促进教师与家长之间的有效沟通呢？什么样的家长会才能余音绕梁，唇齿留香，彰显活力呢？这需要班主任不断学习、不断探索、不断创新、不断研究和实践。

一、鲜明的主题

家长会的低效、没有发挥出应有的作用，其中的原因之一就是家长会的主题缺乏针对性。班主任要仔细斟酌和分析每一次家长会的主题，根据当下班级的具体情况、班级学生的学情、班级存在的问题、家长遇到的共性问题等，选择相适应的家长会主题。此外，班主任还要考虑什么话题、以何种方式呈现，容易让家长接受，容易引起共鸣，激发家长对孩子当前的成长问题进行思考。

不同班级、不同年级的情况都不完全一样，班主任在确立主题时，要善于从大处着眼，从小处入手。总体来说，低年级重在生活习惯或学习习惯的养成教育；中年级重在巩固这种养成教育；高年级重在小初衔接、对学生自我教育的引导等。比如，一年级的孩子有丢三落四的毛病，家长经常要到学校送东西。针对这种情况，我把家长会的主题定为——家长请放手，我们能行！我会把家长会主题提前用彩色粉笔写在教室的黑板上，让家长一进教室就能做到心中有数。

虽然班主任所带的每个班级的班情均不一样，但是根据年段可以总结出如下家长会主题。

一年级：家校共携手，养成好习惯

召开家长会的时间至关重要。一年级的家长会要趁早开，建议在开学两周内或者在一月内开。不要等到第一个学期中途或学期快结束时才开，那样效果就会差很多。

孩子从幼儿园进入小学这段时期非常关键，对于孩子来说是一次巨大的飞跃，因此要在这段时间做好幼小衔接的工作。孩子在幼儿园以玩为主，到了小学则是以学习为主。每位家长都要在思想上和行动上高度予以重视，在班主任的指导下，一起帮助孩子顺利度过这段关键期，尽快适应小学学习生活。

一年级要养成的好习惯主要包括学习习惯、生活习惯等。

①学习习惯：上课专心听讲的习惯、认真书写的习惯、课前及时整理学习用品的习惯、回家专心做作业的习惯等。

②生活习惯：自己整理书包、整理房间、按时睡觉、按时起床的习惯。

这里要重点强调一下回家做作业的习惯。按照最新要求，现在一、二年级没有书面作业，但口头作业还是有的。要让孩子养成放学回家短暂休息后，及时完成作业的习惯。每完成一项作业，让孩子自己做好标志（比如，为完成的作业打钩）。每天完成作业后，要整理好自己的书包，对照课程表把第二天需要的课本带齐。

由于孩子们刚刚入学，家长会也不可能做到面面俱到，所以班主任可以先挑选一些关键的好习惯与家长进行沟通。可以把这些好习惯打印在一张纸上，让家长回家对照执行。良好的开端是成功的一半，班主任在家长会上可以告诉家长："从今天开始，我们家校共携手，一起帮助孩子养成好习惯。"

二年级：家长再忙，也要陪孩子

每个班级到了二年级时，班级分层现象就会初露端倪。班级中有一部分家长分外重视孩子的教育，孩子的学习习惯和生活习惯相应也都比较好。也有一部分"80后"家长，有的因为年轻贪玩，对教育孩子的责任心不够强；有的因为忙着创业，无暇顾及孩子的学业。很多城市里的年轻家长，由于各种原因把孩子寄送在教育托管机构，有时很晚才从托管中心把孩子接回家，花费了不菲的钱，自以为对孩子很负责。还有农村普遍存在的留守儿童现象等，都应该引起我们的重视。

父母的悉心陪伴对一个孩子来说至关重要，"再忙，也要陪孩子"这个主题很适合用来提醒家长们，不是认为送到托管中心就万事大吉了，父母的陪伴和关注，是再好的托管中心老师都无法替代的。可以在家长会上请家长学习龙应台女士的《做父母的有效期，最不该偷懒那十年》一文。

最近去拜访了朋友，当我们都坐在朋友家的后院吃东西聊天时，他们的大女儿回家了。大女儿今年18岁，已经不住在家里了。她跟着她的同居男友一起走了进来，两个人手上都各拿着一支烟；穿着很新潮，露着小肚子，后面露出腰的部分还有一个刺青。

那个男孩子的手腕跟手臂上也有刺青。两个人互相窃窃私语，有说有笑，但对外人都露出很不屑的眼神。

这让我蛮感慨的，我突然领悟到一件事，那就是其实父母跟食物一样，都是有"有效期限"的。

我第一次见到这女孩时,她才8岁,跟我老大现在一样大。10年前我去她家时,她可以在短短时间内,把我送的一瓶清酒上的字和图,都一模一样地画出来。

一个中国小女孩,居然可以把"日本清泉清酒"和酒牌上的樱花,三两下就轻松地描绘出来。我好惊讶,自从那次以后,我经常怂恿她父母带她去拜师学艺。但他们永远都可以找出一大堆不是理由的理由来搪塞我。

奇怪的是她的父母一面搪塞我,却又可以一面跟我炫耀她女儿最近又画了什么。突然惊觉10年过得好快,好像才昨天的事情,现在已经是10年后了。

我不认为她的父母现在有资格去批评他们的女儿,因为一直以来,她的父母只顾着自己,从没重视过她的教育问题。现在再想教育已经不可能了,理由很简单,那就是因为父母的教育功效已经"过期"了。而且她的父母在"有效期限"内也没努力过。

孩子在小的时候,父母对他们来说是万能的,是完全可以依靠的。这就是父母对孩子教育的黄金时期。等孩子一到了青少年时期,父母的"有效期限"就快到了。

该说的,该教的,该做的,都应该早就做足了,是到了验收的时候了。这验收的是父母的教育方针,也是孩子对外界的应变能力。"过期"后的父母再怎么努力,也比不过10年前来得有效了。

我突然很感叹,我告诉自己,我必须要在黄金时期内帮我的孩子做好面对未来的准备。因为时间真的过得很快,一转眼就过了。我不想将来只有叹气、摇头的份儿。

是呀!父母是有有效期限的。小孩儿是老天爷给我们的礼物,当你不珍惜的时候,老天爷就把这份甜蜜的礼物收回了。

在龙应台看来,做父母也是有"有效期"的,在孩子最依赖父母的十年里用心教养,提供依靠。一旦孩子到了青春期,父母再怎么努力,也无法带来实质性的影响。如果父母在孩子需要的时候忽视了教养,那么将来孩子再怎么叛逆,父母也只有摇头、叹息的份儿了。

班主任可以在家长会上把这篇文章分享给家长们,并结合身边的例子(比如,以前的学生的例子）向家长说明。即便做不到每天有效陪伴孩子两小时，至少也要跟孩子通电话，或者采取视频聊天的方式，关注孩子的学习。我所带的小水滴班有一位孩子的爸爸在四川工作，他每天都坚持给孩子打电话、视频聊天，孩子甚至在电话中每天坚持读十分钟英语给她爸爸听。每一次家长会，爸爸再忙都会从成都飞到桐乡，准时参加家长会。虽然这个孩子生活在再婚家庭，但她阳光开朗，学习成绩也十分优异，父女之间的感情特别好！

三年级：创建书香家庭

我们都知道阅读对一个民族、一个国家发展的重要性。可是，我们国家目前的阅读现状并不乐观——每年人均阅读量不足 8 本书，远远低于世界上发达国家的人均阅读量。苏霍姆林斯基曾说，让孩子变得聪明的办法就是阅读，阅读，再阅读。阅读为孩子打开了一扇窗，为孩子的思维注入了活力。阅读对一个孩子的重要性，不仅体现在语文的学习上，而且体现在其他每一门学科上。

纵观班上的孩子，凡是有浓浓的阅读氛围的家庭，孩子的学习后劲都相对更足。现在大部分家长一有空余时间，基本都在玩手机、打游戏，只有个别的家长愿意捧起书来，创建一个书香家庭。三年级又增加了英语、科学两门学科，学生开始面临较重的学业，如果这时班主任不重视学生的阅读，那么他们的学习成绩很容易在这个时候形成一个分水岭。因此家长会的主题定为"创建书香家庭"，呼吁爸爸妈妈们放下手中的手机，闲暇时与孩子一起阅读经典图书，这对孩子的成长来说有百利而无一害。利用家长会鼓励家长给孩子购书的同时，也能为自己挑选一本……这样的鼓动和倡议是很有正能量的。

四年级：让孩子爱上运动

健康的身体是孩子学习生活的最重要的本钱。每个人都明白运动对一个人身体健康的好处，然而，孩子运动的机会似乎越来越少。尽管国家出台了相关政策，要求孩子每天在户外锻炼的时间不少于一小时，但是，现实生活中，鼓励孩子积极参加运动的家庭少之又少。其一是因为繁忙的功课和钢琴、笛子、书画等各类才艺的学习占用了孩子的大部分时间；其二是因为家长没有运动的习惯。其实，晚饭后家长和孩子在小区里一起散步，一天抽半小时让孩子跳绳、踢毽子

等，这样的运动是很容易做到的。

四年级的家长会可以将"让孩子爱上运动"作为主题，重点把运动的六大好处罗列出来，宣传运动的好处，鼓励家长多带领孩子一起运动。

①运动能使身高增加，肌肉发达。

②运动能使血液循环加快，新陈代谢增强。

③运动能预防疾病，多进行户外活动，孩子不易感冒。

④运动能促进智力的发育，人在活动时会促进脑细胞的生长和发育。

⑤运动能锻炼儿童的意志，塑造儿童的性格，使其克服某些不良行为，变得开朗、活泼、乐观。

⑥体育运动是健美的最佳药方。

五年级：学习，是孩子自己的事情

虽然现在二胎政策已全面放开，但是"2+4"（两位父母加上四位长辈）现象依然在我国的家庭中普遍存在。再加上优越的生活条件，孩子受到了从未有过的宠爱，尤其是在沿海地区的发达城市，爷爷、奶奶、外公、外婆均已退休，有了更多的闲暇时间，他们把所有精力和心血全都花在孙辈身上。每天替孩子整理书包、中午给孩子送饭、随时把孩子忘带的学习用品送到学校、放学路上替孩子背书包，孩子回家做作业一直陪在身边……不知从什么时候开始，孩子读书成为全家总动员的一件大事情。

其实，读书就是孩子自己的事情，家长不应该包办太多。如果孩子到了五年级，还没有养成自主学习的能力，还会时不时地忘带东西，或者家长不陪坐在身边，孩子就不会做作业，那么这向家长发出了一个信号——说明孩子的自主管理能力很差。家长会上可以告诉所有的家长们，真正的教育就是自我教育，也请家长们将这一观念传达给孩子的爷爷、奶奶等。学习是孩子自己的事情，不要包办代替，要引导孩子进行自我教育、自主管理。

六年级：静心学习，优秀毕业

六年级这个年段最容易出现班风浮躁、学习后劲不足的现象。尤其是六年级第二个学期刚开始没多久，孩子们一个个就拿出赠言本互相留言。因此到了六

年级,家长会的主题可以设计为:静心学习,优秀毕业。可以在家长会上叮嘱家长,等语文老师上完"怎么写赠言"这一课后,学生才能将留言本带到学校,以免影响班上其他同学的学习情绪。家长一般乐于倾听这样的剖析和讲解,也能协助老师一起关注孩子的动态。

此外,六年级家长会还可以邀请有经验的初中老师来谈谈小初衔接,讲讲七年级(初一年级)的学习情况,形成一种"静心学习、优秀毕业"的氛围,为孩子们的小学生活画上一个圆满的句号。

当然,每个班级的情况不一样,可以根据班级的班情,设计有特色的家长会主题。我接手红苹果班后,一年级整个学年下来,无论我和数学老师怎么努力,语文、数学的成绩均分都排在整个年级的末尾。到了二年级第一个学期,我把家长会主题定为——我们行走在路上,意在告诉家长,为了孩子的进步,请和老师一起行走在陪伴孩子学习、鼓励孩子学习的路上。二年级第二个学期的家长会主题为:为了孩子,我们继续努力……就这样一次次为家长们打气,班级学生也有了进步,这样主题鲜明的家长会也取得了理想的效果。

这是我近年来根据班级实际情况确立的家长会主题:

①我是孩子的榜样吗

②建书香家庭,育舒心孩子

③孩子是父母一生的牵挂

④再忙,也要陪孩子吃晚饭

⑤让书香陪伴孩子幸福成长

⑥良好的习惯是成功的敲门砖

……

每次开家长会之前,我都以标题的形式将这些主题写在黑板上,让家长一目了然。班主任可以在家长会上围绕主题,指明发现的一些共性问题,甚至可以说说自己的困惑和工作中遇到的困难,和家长一起进行探讨式的交流。面对这样实实在在的家长会主题,家长会觉得班主任工作有目标,没有空话、套话,也更愿意积极配合班主任的工作。

二、形式的创新

一般来说，常规家长会基本会采取"班主任讲，家长听"的形式。这种单一的、循环往复的模式很容易让家长感到乏味。要知道，灌输式的家长会并不会带来理想的效果。其实，我们每个人都有这样的心理，比如仅仅作为旁观者去参加一次活动，时间一长，心里就会觉得不耐烦。因此，每一次开家长会，班主任不仅要精心确定主题，而且要注意形式的创新。要把握一个总的原则，那就是尽量让家长、孩子和教师共同参与进来，利用"图片"、"亲情"、"故事"等，引起心灵之间的碰撞。

1. 制作感恩卡

无论孩子的学习成绩是优异还是落后，每一位前来参会的家长都是带着一颗对孩子无限期待、无限关爱的心，兴致勃勃地来到学校的。如果班主任能想办法激发孩子的一颗感恩的心，让班级里的孩子也参与进来，必将温暖家长们的心。

每一次开家长会之前，我都会提前几天让孩子确定到底是他的爸爸还是妈妈来参加家长会。一般在开家长会的前一天或当天，我会专门抽出一节课的时间，指导班上的孩子精心制作一张感恩卡。这张感恩卡是孩子亲手制作的，字里行间都充满对家长的一份感激之情。可以比一比谁的感恩卡制作得最情真意切，写的话最能表达自己的感情，以此教导孩子要拥有一颗感恩的心。

开家长会时，我会把这张感恩卡放在孩子所坐座位的桌子一角，这样家长进入教室后第一眼就能看到孩子写给自己的心语。比如，"爸爸，我爱您！谢谢您11年来的养育之恩。我将来一定会好好报答您！"又如，"妈妈，您辛苦了！谢谢您今天能来参加家长会。"从自己那位衣来伸手、饭来张口的宝贝儿子（女儿）的卡片中，读到表达谢意的文字，家长的心中一定满是激动、幸福和欣慰。我曾经仔细观察过家长们的表情，他们一个个都眉飞色舞。家长们读着这样的贺卡，体会到了老师的别有用心，会更支持班级的工作。

2. 写感谢信

如果学生进入高年级，那么还可以引领他们用这样的方式来表达对家长的感谢，那就是写感谢信。

一般我会在开家长会前一到两周，布置学生写一封"给爸爸妈妈的感谢信"。作文内容为：拿起手中的笔，回忆父母让你觉得最温暖的一件事，或者叙述自己对父亲（母亲）感到内疚的一件事，说出自己的心声，表达对父母的感谢之情。

感恩的心，感谢有你们
——给爸爸妈妈的一封信

亲爱的爸爸、妈妈：

你们好！

很高兴能够借这个机会，给你们写一封感谢信。我有好多好多话要对你们说。从我出生那天起，你们就一直无微不至地照顾着我；从我会说话后，你们就抓住所有机会教我学习；从我会走路那天起，你们就教我锻炼身体。在我成长的路上，你们不知经历了多少风风雨雨。

11年来，你们一直是我的依靠。弟弟出生了，许多人说他会夺去你们对我的爱。事实上并没有，你们还是那样关心我。当我考试考得不太好时，你们为我加油鼓劲；当我学习进步时，你们让我不要骄傲；当我钢琴顺利考级时，你们开心得不得了；无论我沮丧还是快乐，你们都一直陪在我身边……

爸爸妈妈，你们还记得吗？在三年级的暑假里，我的钢琴水平已经达到了三级。那天正好是弟弟的生日，可是恰好又接到钢琴也要考级的通知。这可怎么办？本来已经准备好给弟弟过生日了，全家人都像热锅上的蚂蚁急得团团转。钢琴考级不能耽误，可是，为了弟弟过生日，已经把爷爷、奶奶、外公、外婆请来了。于是，你们不管三七二十一做了决定："女儿要考级，儿子又要过生日，这样吧，我们去陪女儿考级，家里其余的人给儿子庆祝生日吧。"

就这样拿了准考证，我们就急匆匆赶赴考场。刚刚到了考点，老师就念到了我的名字。我既紧张，又高兴，心里还有些隐隐的难过。这时我听见你们说:"孩子,别害怕,你一定可以的!加油。"我也默默地为自己打气,心想:"爸爸妈妈,你们放心吧,就算不为我自己,为你们我也会拼尽全部的力量,一定会考过的!"

当天我们一家人的注意力全部集中在成绩上。老师念了一个又一个,你们一直为我捏着一把汗,直到最后才念到我的名字。得了优秀的我,高兴得一蹦三尺高……

然而,许多时候我都有点得理不饶人!不肯让着弟弟,与小区里的小伙伴玩得尽兴的时候,都听不到爸爸的呼喊声,还会时不时地发点小脾气……爸爸妈妈,谢谢你们一直关爱我、包容我!

"感恩的心,感谢有你……"每当唱起这首歌时,我的眼里总会热泪盈眶。在这里,女儿最想对你们说:"亲爱的爸爸妈妈,感谢有你们。我爱你们!"

此致

敬礼

永远爱你们的女儿:瑶瑶

××年×月×日

这是瑶瑶写给爸爸妈妈的一封感谢信。当家长来到学校,坐在孩子的座位上,读着孩子这样发自肺腑的信时,他们的心怎能不感到温暖呢?

上述的制作感恩卡和写感谢信都是从孩子的角度出发,让孩子写给自己的爸爸妈妈,对孩子进行感恩教育,进而来打动家长的心。

我还曾出其不意地在家长会上搞过这样一次活动:

家长会,家长们拿起了笔

以往开家长会都是孩子写感谢卡、感谢信,这一招似乎已经不是很新鲜了。是不是该换点花样了呢?该换什么花样呢?我动起了脑筋。

对了,何不换一个角度,让家长给孩子写信呢?每一位家长含辛茹苦地养育孩子,多不容易呀,心里一定有千言万语想对自己的孩子说吧!

说干就干,我从文印室里拿来了白纸,神秘兮兮地对孩子们说:"请大家在桌子上放一支水笔,待会儿你们的家长要填写反馈表呢。""啊?什么反馈表?"孩

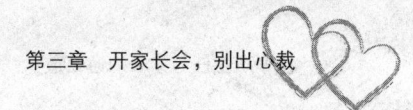

子们张大了嘴巴,开始询问。"就是要写你们在家表现如何啊!"我笑着对他们说。他们一个个都表示很惊讶。

家长会开始了。优秀家长、优秀学生、进步学生的发言结束后,我告诉家长们,以前都是孩子给你们写信。今天,请全体家长每人给自己的孩子写一封信。你有什么想与孩子进行交流的,尽管都写出来。写好后,放在每个书桌的抽屉里,明天一早孩子们就会看到。家长们听了我的话后,一个个都拿起笔、低着头认真地写了起来。教室里响起了唰唰唰的声音。

第二天早晨,我早早地吃完早饭来到教室。只见孩子们一个个从抽屉里拿出信后,满脸惊喜,专注和动容地读了起来。同事的女儿小英读着信,居然淌下了眼泪。再看看其他孩子,也有几位在悄悄地抹着眼泪。

这一刻,就是心灵相通的时刻。打动孩子的是爸爸妈妈的真情诉说、爸爸妈妈细致的关爱、爸爸妈妈无私的包容。爸爸妈妈与孩子心灵相通,这一瞬间带来的温馨,如花儿一般绽放。

3. 坐孩子的座位,专注地聆听

开家长会时家长该坐在哪里呢?随便挑一个座位就可以吗?不。每次开家长会,我都会让孩子提前告诉家长,自己所坐的座位在教室的哪一排,让家长知道到时候要坐在自己孩子的座位上。当然,有的家长依然搞不清楚应该坐在哪里。没关系,每一次家长会都有班级接待员专门负责。这样安排座位有助于班主任更好地认识每一位家长。比如,有的家长生性不爱与人打交道,平时与班主任沟通较少,若让他自己选座位,肯定会选一个比较靠后的座位。让家长坐自己孩子的座位,还有一个好处就是班主任可以与每位家长对上号。坐在自己孩子的座位上,家长不自觉地会认真听讲、专注做笔记等,也能起到一定的督促作用。利用这种方式,我所带的班级每一次开家长会,家长们都十分重视。

4. 设置主持人和接待员

每一次开家长会,我都会设置两名主持人和一名接待员。主持人一般为一男一女的搭档,接待员一般为女生。接待员的任务就是引领前来参加家长会的家长签名，并准确无误地带家长到自己孩子的座位落座。在家长会期间，为家长递敬茶水，让家长有一种被尊重之感。这样可以培养孩子为他人服务的能力。

为了让更多的孩子能有当主持人的机会，家长会的主持人和接待员采取轮流制，并不总是固定某几个人。当然，主持人和接待员的培养，不是一蹴而就的事情，要靠平时的积累。我是语文老师，在班上专门成立了一个主持人团队，这样可以利用语文课等时间来训练学生的表达能力。一般选择进步较大、交际能力强的学生来担任主持人和接待员。

在开家长会的前一周，我会制定好整个会议的流程。选择主持人时，可以选择家长文化水平相对较高的孩子，这样方便其父母在生活中指导他们的主持台词。除了在家里训练之外，我还会利用午休、早读等时间，指导两位小主持人。此外，即使孩子的父母都来自农村，只要班主任用心培养，平时多给予孩子机会，孩子的表现也会超乎我们的想象。我在中山路小学带红苹果班时，从二年级开始，家长会就由班上的孩子主持。思豪和怡笑这两位主持人主持得有模有样，赢得了家长的一致好评。这两个孩子也来自农村，因训练得当，他们的主持风采一点不比城市的孩子逊色。

家长会上，当学校领导讲话结束后，主持人就该上场了。整个会议流程全都由主持人的主持词串联起来，比如，由主持人邀请班主任上场讲话。这样的家长会给人一种隆重、正式的感觉。担当主持人的学生的家长，更是会感到格外开心。而其他家长见识到班上其他同学的表现后，也会不自觉地与自己孩子形成对比，这样可以激励家长更加重视孩子的教育。

5. 家长代表和学生代表发言

家长会最好不要成为老师的"一言堂"，期间安排几位学生代表和家长代表发言，更能引起家长的共鸣。一次家长会，一般安排2～4名学生代表发言为宜，其中包括优秀学生代表发言和进步学生代表发言。作为家长会的一种创新形式，被选出来的学生可以分享自己的学习经验，说一说平时如何努力学习、如何高效学习等。每位学生代表的发言时间控制在3～5分钟即可。

班主任要对学生代表发言的稿子进行审阅，必要时帮助其修改，也可以请学生家长一起协助润色稿子。此外，还要指点孩子朗读，督促孩子每天训练。这样做确保发言的学生能做到落落大方、有条不紊,给全体家长留下深刻的印象。特别是进步学生代表的发言,班主任更应该每天抽出一定的时间,手把手教导,包括朗读口气、姿态等。这是孩子表现自我的一次良机,一定程度上可以唤醒孩子内在的潜能。坐在下面聆听的家长也很乐意看到孩子们的表现,目光自然都会聚集到这些孩子身上。

一次家长会,一般安排2～3位家长代表发言为宜,不要总让某几位表现突出的学生的家长发言,要给其他家长留下更多发声的机会。班主任拟写邀请词至关重要,比如可以这样说:"××家长,由于您的孩子在学校表现十分优异,所以今天特地邀请您在本周召开的家长会上发言。您的发言会让孩子感到格外自信和光荣。"这样说后,家长很少会推脱。

我清楚地记得,有一次,我邀请班上一位成绩中等、行为规范一般的孩子的家长发言。他妈妈一开始推脱,后来我跟她说:"您的孩子进步很快,你站到台上发言,对孩子来说,可是一种很大的激励。"他妈妈听我这么说之后,便爽快地答应了。家长会时,这位妈妈对众多家长说:"我的孩子只是一位普通的孩子,以前开家长会,我都是坐在角落听优秀家长介绍经验。这次家长会许老师邀请我发言,一开始我推脱了半天,但许老师说家长的发言对孩子也是一种鼓励。所以,今天我站在了这里……"

的确,如果我们打开思路,让更多家长有机会站在讲台上演讲,那么这样做不仅会温暖家长们的心,而且会温暖孩子们的心。下面我从红日班家长会上学生代表和家长代表的发言中,选择了几条供大家欣赏。

优秀学生卢秋阳的发言

各位叔叔阿姨:

你们好!

我叫卢秋阳,很荣幸今天能够站在这里发言。虽然我在班里的成绩排名不是很靠前,但我希望能向成绩好的同学学习,吸取他们的经验。我的爱好非常广泛,比如跑步、看书、打球、画画,等等。这都是因为有了许老师的鼓励和表扬。记得我在《爱的教育》上读到一句话,是恩里科的爸爸写给他的——"我的恩里科，不要做一个懦弱的士兵，你的书本就是你的武器，你的同学就是你的战友，你的班级就是你的团队，你要珍惜这一切。"这使我受到了很大的启发。

放学回家后，我能认真完成老师布置的每一项作业，但是有时也会出现一些小马虎，偶尔会漏掉一两项作业，但是我会克服这些小马虎的！在学校里，我和同学团结友爱。如果同学遇到困难，那么我会帮他们做力所能及的事。有时我会和同学闹些小矛盾，但是过不了一会儿我就和同学握手言和了。我非常喜欢运动，有时候运动起来，甚至会忘记吃饭。以后，我希望自己各方面都能做得更好。谢谢大家！谢谢老师！

优秀学生代表卢秋阳的发言简简单单、平平淡淡，只是从各方面介绍了自己，发言稿看上去也不是很成熟。不过这都没有关系，对于孩子来说，能站在舞台上，面对全体家长介绍自己，就是一件令人兴奋和自豪的事情。当然，我对他发言的语气、语调做了精心的辅导。这次发言给卢秋阳留下了温暖的记忆。

走宏爸爸的发言

各位家长、老师：

大家好！我来自安徽，我的孩子能和你们的子女共同学习成长，我感到非常荣幸。今天大家齐聚在这里开家长会，都是为了一个共同的目的，那就是怎样将孩子培养好，让孩子有美好的未来、幸福的人生。

今天许老师让我作为家长代表，谈一谈我在家是怎样教育孩子的。其实很多方面我做得并不比大家好，应该多向大家请教。

培养孩子不是一两天的事，我们家长必须要有耐心，有毅力，注意平时的一言一行，创造良好的家庭环境，给孩子树立好的榜样。我们要从各方面了解孩子，舍得花时间与孩子沟通，让孩子知道我们对他的要求，有些事要站在孩子的角度去思考，拉近与他们的距离，与他们一起克服遇到的困难，答应他们的事一定要做到，在孩子的心目中你就是他最好的朋友。

平时孩子放学后都会认真完成作业，然后我会问一问他一天学了什么，有没有不懂的地方。如果有不懂的地方，那么我会跟他一起讨论，直到他弄懂为止。有时我会让孩子自己解决难题，之后再适当地鼓励，这样孩子心里就会有一种成

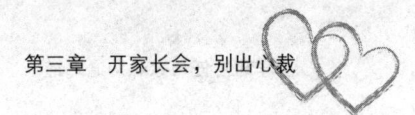

就感,就会有克服困难的勇气,同时也有了学习的兴趣。

其余时间我会让他阅读课外书,丰富知识。和大多数孩子一样,他也很爱看电视,我对他说:"电视提供的信息十分有限,而且看电视久了也会让你缺乏想象力。"后来我购买了很多书,跟他一起看。渐渐地,他就喜欢上了阅读。我的文化水平低,因此我经常打电话请教许老师,请她推荐一些好的书籍。现在孩子已经养成了良好的阅读习惯。如果遇到一些好的诗词,我就让他背下来,在写作文时都可以用上。

此外,不要吝啬对孩子的表扬,这一点我感受很深。孩子在学习中哪怕有一点进步,如果得到了你的表扬,他会更加有信心面对学习中的困难。对于犯了错误的孩子,家长也不要暴跳如雷,而要静下心来和孩子一起寻找问题的根源,和他一起推心置腹地交流问题,这样孩子才容易接受家长的教导。

总之,家长要了解孩子,积极配合老师,做好家校沟通的工作,和老师共同担负起对孩子的教育。孩子的健康成长离不开各位老师的精心培养,我代表各位家长向老师说一声,您辛苦了,谢谢您!

伊凡妈妈的发言

各位家长、老师:

大家好!很高兴来参加女儿的家长会,同时很惭愧,因为时间紧迫,准备得不充分,望大家见谅。

人们常说:"父母是孩子的第一位教师。"家庭是人生的第一所学校,因此,在女儿还不懂事的时候,我常常对她说:"妈妈说到做到。"在生活中我注重言传身教,做好孩子的表率,让女儿看到好的榜样、正确的行为,学习为人处事的本领。我想:这是孩子一生的财富。在工作中,我总能听到幼儿园的孩子向我倾诉:"我爸爸、妈妈总是在骗我。"但我女儿没有说过这样的话。

孩子们的求学生涯是一段漫长而辛苦的人生历程,因此注重激发兴趣,因势利导非常重要。兴趣是最好的老师。培养良好的兴趣,进而养成一种习惯,这样学习也会变成一件愉快的事。记得女儿以前也很喜欢看电视,但在许老师的鼓励下,女儿养成了爱阅读的好习惯,后来基本就不看电视了。每次做完作业,她就自觉地找书看。在逛街时为了买一本心爱的书,她会自愿放弃爱吃的小食品。

读万卷书，行万里路，好山好水也是好老师。在阳春三月或者金秋十月带孩子远足，感受大自然的气息，可以缓解孩子紧张的学习压力。从女儿幼儿期开始，每年的五一、国庆长假，我都会带着她外出旅游。虽然女儿严重晕车，但她表现得很勇敢、坚强。外出旅游成了孩子最向往的一件事情，不但开阔了她的视野，而且培养了她坚韧、吃苦耐劳的品格。各位家长，让孩子到大自然中走一走，看一看，说不定有"胜读十年书"的可喜收获。

现在回想女儿的成长历程，也有许多遗憾。在女儿智力发展的关键期，我没有很好地开发孩子的记忆力，致使孩子的背诵能力比别人差很多。幸好，许老师让孩子们背诵古诗词，不但增强了他们的文学功底，而且训练了他们的记忆力，这多少可以弥补我的缺憾。

在过去的一年里，我总是被401班的家长们感动着。因此，我不敢有丝毫的懈怠，希望能够不断地提高自己的家庭教育能力。各位家长，我们有一个共同的理想，那就是孩子能学有所成。让我们打点行囊，怀揣理想与激情，为孩子创造一个更加美好的未来。

红日班是我在中山路小学五年级时接的班，班上三分之一的孩子来自农村小学，也有不少孩子属于新居民和拆迁户。因此家长学历普遍较低，家庭教育的素养整体较差。孩子几乎都没有养成阅读的习惯，沉迷在电视和游戏中。

上述两位家长其中一位是新居民家长，文化水平低。另一位是本地幼儿教师，学历为大专。他们的孩子都是红日班的优秀生，他们有一个共同的特点，那就是从原来沉迷于电视到后来喜欢上了看书，现如今学习成绩优异，是全班孩子学习的榜样。因此，我专门邀请这两位家长发言，希望他们能在家长会上讲讲育儿之道，激发更多家长关注孩子的成长。对家长来说，这样的发言也是一种美好的经历。今后他们就更有动力支持和配合班主任了。不管家长的文化程度如何，只要拥有一颗真诚的心，就可以给予其上台发言的机会，跟其他家长来一次碰撞。

6.穿插孩子表演的视频

为了吸引更多家长的眼球，可以在家长会期间适当穿插一些孩子进行才艺表演的视频。家长看到自家孩子的进步,都会感到十分激动。小水滴班在开家长会时,我事先拍了一段十位孩子演唱《我们都是好孩子》的视频。家长看后都心潮澎湃,有些孩子的家长原本带着一种忐忑的心情来参加家长会,但看过视频之后,他们也会感到放松,能更好地参与家长会话题的讨论和交流。

此外,班主任还可以有目的、有计划地选择一些孩子,进行现场"秀"表演。比如,让喜欢画画的学生展示他们的绘画作品;让字写得漂亮的学生展示他们的书法作品;让擅长写作的孩子读一读他们的文学佳作;让擅长跳舞的孩子展示他们优美的舞姿……看了孩子们的展示,听了孩子们的汇报,家长都会有所思考。

除了现场表演之外,还可以采用作品展示这种形式。尽量让每一个孩子都有"作品"或现场表演的机会,让家长在深入了解自己孩子的同时,也从别的家长和孩子身上学到新的东西。

7. 书香家长朗读课文

一个家庭对书的珍视程度决定了一个孩子的视野。如果家庭里充满浓浓的书香,那么孩子的学业等各方面都不会差到哪里。我一直致力于带领家长争创书香家庭。苏霍姆林斯基创立的帕夫雷什中学,在开家长会时有一个传统节目,那就是故事妈妈或故事爸爸讲故事。

我在家长会上也开展过这样的活动,并给它取名为"小手拉大手"。我告诉班上的孩子们,现在你们的普通话说得比爸爸妈妈都要标准,回家可以教你们的爸爸妈妈读课文,家长会上邀请你们的爸爸妈妈来朗读课文。孩子们在家都很积极地教爸爸妈妈朗读。家长会上,年轻的"80后"家长们纷纷站上讲台,声情并茂地朗读课文。一家人围坐在一起朗读课文,整个家庭都充满浓浓的书香,这不是一幅美丽的图景吗?

8. 投影展示榜样作业

家长会上,班主任一般都要向家长反馈学生在校的基本情况。我认为,用学生的作业和作品"说话"比教师"说话"更有效。每次开家长会,我都会让每一个孩子将自己的作业本放在书桌角上,供家长们翻阅。家长会时,我事先将优秀孩子的作业制作成PPT，然后利用多媒体展示出来，让家长对照优秀学生的作业，清楚地了解到自己孩子的学习习惯还存在哪些问题，孩子的综合能力在班级处于什么位置。

这里我想到一个故事：一把坚实的大锁挂在大门上，一根铁杆费了九牛二虎之力还是无法将它撬开。钥匙来了，它瘦小的身子钻进锁孔，只轻轻一转，大锁"啪"的一声就打开了。铁杆奇怪地问："为什么我费了那么大力气都打不开，而你轻而易举地就把它打开了呢？"钥匙说："因为我最了解它的心。"每个人的心都像上了锁的大门，任你用再粗的铁棒也撬不开。唯有关怀，才能把自己变成一把细腻的"钥匙"，开启人的心锁。

家长会要搭建更多孩子展示才华、表达进步的平台，要别出心裁，开出新意，让更多的孩子和家长站在代表"荣耀"的讲台上，展示自己的风采。这样，一位善于开动脑筋，俘获家长、孩子心灵的班主任，也就成了一把灵巧的钥匙——一把打开家长心灵的钥匙。这样的家长会才会让家长觉得有意思，才会发挥家长会固有的作用。

小水滴班家长会

学校行事历上安排第十三周为家长会。提前一个月，我就开始张罗准备这次家长会。小水滴班是我从五年级接手的新班，因此学习习惯是最需要关注的。于是，我把家长会的主题定为：好习惯，决定孩子的美好未来。

小水滴班有哪些学习习惯好的孩子呢？要求：认真细致地完成平时的课堂作业和同步练习，书写端正。做作业认真的孩子，我会画一张😊；做作业不认真的孩子，我会画一张😭。评分规则：得到一张笑脸就加3分，得到一张哭脸就减1分。于是我利用午休的时间发下作业本，让孩子们同桌交换，把每一位孩子的学习习惯分算出来，并做好登记。最后评选出十位得分最高的同学。其中胡高佳乐、蒋蓓逸是本次家长会的主持人，王乐航、吴迪、屠诗颖、陆冰媛是本次家长会的好习惯学生代表，朱晗捷、李晨晔、徐一尘、陈宇修四位孩子的家长是本次

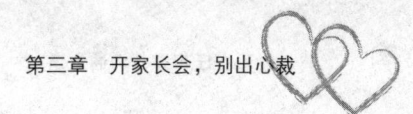

家长会的好习惯学生的家长代表。当我宣布这个消息时,全班同学都向这几位同学投来了羡慕的眼神。

开学两个多月以来,进步的孩子有哪些呢?于是我布置了一篇生活作文《××进步大》。周一批阅生活作文,孩子们一个个用自己看到的、听到的事例,描写了各自笔下进步最大的同学。然后我们用画正字的方式,评选出进步最大的10个孩子。我为他们专门录制了一段视频——一起演唱我们班的励志歌曲《我们都是好孩子》,并且告诉他们这段视频将在家长会上播放。这10位进步的孩子顿时感到十分兴奋。

接下来,我将家长会的具体流程列了出来,再与家谊会的各位成员进行沟通,并且邀请4位学习习惯良好的学生家长,在家长会上作为代表发言,每一位家长都欣然应允。

胡高佳乐告诉我他们家有摄像机,他爸爸可以来帮助录像;蒋蓓逸告诉我她妈妈可以帮助美化教室,把我们的班训"定生智,静生慧"张贴起来;屠诗颖爸爸是我们班级博客的资深图文报道员,专门负责为我们拍照。家长义工们都非常积极,纷纷上阵。

好习惯,决定孩子的美好未来
——北港小学小水滴班家长会流程安排

主持人:胡高佳乐、蒋蓓逸

课件制作:胡高佳乐

教室美化:蒋蓓逸妈妈

摄像:胡高佳乐爸爸

摄影、班级博客图文发布:屠诗颖爸爸

一、观看视频:全班孩子朗诵班诗《愿望》

二、好习惯学生代表发言

1. 王乐航
2. 吴迪
3. 屠诗颖
4. 陆冰媛

> 三、视频展示：进步学生代表献歌给爸爸妈妈
> 四、好习惯学生的家长代表发言
> 1. 朱晗捷家长
> 2. 李晨晔家长
> 3. 徐一尘家长
> 4. 陈宇修家长
> 五、班主任许丹红老师发言
> 六、全体家长和在场的孩子一起唱班歌《小小水滴》

家长会的流程安排确定后，我马上把它贴到了班级博客上。主持人、好习惯学生代表、家长代表需要利用一周时间准备讲稿。然后我利用空余时间，倾听、指导学生代表的发言，帮助小主持人提高主持的水平。走廊上、楼梯口、教室里都留下了我和孩子们一起排练的身影。后来，我又给各位家长发信息，告诉全体家长，最后一个项目是唱班歌，请与孩子一起学唱班歌。

家长会是在周四晚上开的，在周三的品德课时间，我让孩子们制作感恩卡，写感谢信。孩子们认真地做着卡片，写着感谢信。我又利用空闲时间重点培训了两位主持人和接待员。家长来到班级之后，如何接待？如何引领他们坐到指定的座位？如何签名？这些都是接待员要做的。最后通过校信通给全体家长留言：各位家长，明天六点半准时召开家长会。届时请各位坐在自己孩子的座位上。请带上笔和笔记本，准时出席！

一切准备就绪，家长会如期召开。一切按照预定的流程进行，座位上有孩子们四门主课的作业本，还有孩子们亲手制作的感恩卡和用心写的信笺。主持人绘声绘色地讲着、优秀学生代表发言、进步学生的唱歌视频、家长代表发言、班主任讲话……一直到九点，其他班级的家长会早已结束，我班还在如火如荼地进行中。家长会结束后，家长们纷纷发来信息，有的家长说："许老师，我第一次参加这么精彩的家长会。"有一个单亲爸爸甚至打电话给我，询问是否可以拷贝家长会上的课件。这次家长会给大家带来的影响确实很大。

沟通之道

家长会可以让家长及时了解班级的动态，了解班主任的带班理念，是老师和家长直接交流的一个非常好的机会。班主任在花功夫和时间准备家长会的时候，要着重注意以下几点。

(1) 充分准备，不要临时抱佛脚。

身边不少班主任在开家长会时，只是匆匆准备一个讲稿，向家长们汇报班级情况、学生的学习情况。当然这些准备是必要的，但这样的老套路已经难以满足新时代家长的要求，已吸引不了家长的注意力，甚至一些教育方法，许多有一定知识储备的家长都十分熟悉。

一个准备充分的家长会，比如，上文提到的有主持人全程贯穿，有优秀学生代表的发言，有优秀家长代表的上台演讲，有进步学生的才艺展示视频，甚至有学生的现场表演——这样的家长会既丰满又立体。家长既可以看到自己孩子的成长状况，又可以从其他孩子身上得到启示，对班级情况有更全面的了解。尤其是看到自己孩子站在家长会这个舞台展示才华时，家长的心情会分外激动。

(2) 站在孩子的角度，邀请家长发言。

有些班主任反馈说在邀请家长发言时，往往遭到家长的拒绝或推脱。的确，邀请家长发言是一门艺术。班主任在邀请家长发言时，最好站在孩子的角度进行沟通，告诉家长："您的发言是孩子进步的体现，孩子更会为您作为家长代表发言而感到自豪。"听到这样的话语，家长一般都很乐意抓住这次机会。当然有些家长因素质较低或胆子较小，没有在大庭广众之下演说的勇气，会继续推脱。这时，班主任可以告诉他："没关系的，一个班级就像一家人，大家看重的不是演讲人讲得有多好，只要能感染到其他人就好。您今天站到上面去讲，对孩子来说是最大的肯定和激励。"不论家长文化程度高低，他们最关心的当然是自己的孩子，听到这样的谈话肯定都很愿意尽心准备发言。

(3) 不点名批评，不报成绩，不让家长会成为家长的负担。

班级中有些家长积极配合班主任的工作，有些家长则表现出对孩子教育无所谓的态度。班主任在家长会上尽量不要点名批评孩子或家长，也不要公开每个孩子的成绩。不要让家长会变成小部分家长心中的负担，毕竟，每一位家长都是有自尊心的。每位家长内心都希望自己的孩子能够在校表现好、学习成绩优异。班主任如果想与个别家长交流，那么可以选择在家长会结束后，约定时间个别交流。

第四章 多种沟通，真心实意

家校合作主要包括以下几个关键点：第一，家校合作是一种双向活动，家庭和学校是合作中的双主体，家庭教育与学校教育应该配合。家长要对学校教育给予支持，学校要对家庭教育做出指导，其中学校应起主导作用。第二，家校合作是社会参与学校教育的重要组成部分。家长的参与离不开社会这一大背景，是广泛的社会背景意义上的参与。第三，家校合作本身就体现了一种态度，包括家长对学生的态度，乃至家长自身对教育的看法。第四，在家校合作的过程中，学生、家长和教师之间的情感交流非常重要。

要想实现家校合作，那么学校和教师就要利用各种渠道，向家长说明学校的办学理念和教育目标，倾听家长及学生对学校理念和教育目标的意见，充分考虑家长的需求和建议，达成学校和家庭之间的互相理解。其中沟通方式包括语言沟通、文字沟通、现代媒介沟通等。在基于互联网背景的新时代，多渠道沟通能够让家庭和学校联系得更加紧密。本章将分别介绍给家长写信、家校联系本、电话沟通、现代媒介沟通等家校沟通方式。

一、定期给家长写信

书信是一种典型的文字传播方式，教师和家长利用书信进行交流是非常普遍的。比如，个别家长想向老师提出建议或批评，但又不好意思当面说或者打电话说，于是为了避免尴尬，就会采用书信交流的方式来沟通。

现代社会很多家长都意识到教育的重要性，只是有些家长不知道该怎么教育好孩子，于是孩子经常处于放任自流的状态。再加上物质条件优越，孩子要什么就给什么，致使孩子小小年纪便养成了霸道、懒惰的坏毛病。等到进入小学，孩子的任性令许多家长束手无策。

记得班上有位家长曾悄悄地对我说:"老师,我家孩子脾气特别犟。有一次他不乖,我们让他别吃晚饭了,他直到九点多都没吃;有一次我们让他别睡觉了,他就一直站在卫生间里,拉都拉不出来;还有一次让他别进家门,他就站在墙角,一声都不吭,把我和他爸爸吓坏了。他只听得进去好话。"这位家长的一席话,让我惊讶了半天。一个不到10岁的孩子竟然如此厉害,难怪他每次做作业都写不好字,让家长督促也不起一点儿作用。我笑着对这位家长说:"那是因为他抓住了你们的弱点。"正如王晓春老师所言,现在相当一部分孩子在家属于失控的状态。

怎么提高家长的教育素养呢?怎么来指导家长进行系统的干预呢?一个非常有效的方法就是定时给家长写信,指导家长教育孩子。老师们非常熟悉的薛瑞萍老师、常丽华老师在这方面做得非常到位,她们一直坚持给家长写信,是我们的榜样。在给家长的信中,我们可以把卢梭的"自然教育法"、陶行知的"爱的教育"等教育方法传授给家长,让家长能理智地去爱孩子,同时告诫家长不要总盯着孩子的成绩。

我在带红日班时就给家长写过十五封信,取得了明显的效果。班主任在平时要加强与家长的交流与沟通,努力引导家长去创设"书香家庭",让他们一起与孩子背诵诗词。通过书信交流,可以提高家长的教育素养,有助于创设良好的家庭教育氛围。下面请看我写给家长的一封信——创建书香家庭,与孩子共同成长。

创建书香家庭,与孩子共同成长

各位深爱自己孩子的父母:

　　您好!

　　期中考试早已结束,红日班的语文成绩有了很大的进步——由分班时落后于其他班级到本次排名年级第二,这个结果有些出乎我的意料。没想到仅仅两个月时间,孩子们就有这么快的进步。除了孩子自身努力之外,这沉甸甸的成绩里更饱含着您的功劳。没有您的支持和监督,我的工作也不会这么快见效!谢谢您!一个孩子的成长,三分之一靠孩子本人,三分之一靠学校,三分之一靠家庭。若您不想让孩子掉队，若您想让孩子轻松愉快地爬过这段学习的陡坡，我唯有对您说：请行动起来吧！

　　从上次的调查表中可以看出，许多家长的教育观念在不知不觉中有了转变：给孩子买书、陪孩子一起看书的家长多了，一心追剧、看电视的家长渐渐少了。有的家长说："我的孩子自从进入您的班，表现非常好。我在看电视，而她自己在小房间里做作业，一点都不受影响。"也有家长反复强调："许老师，我太累了，平时又要做家务，又要上班，每天只想早点睡……"每个人都在为生活疲于奔波，我理解家长的繁忙。翻开班级的家校联系本，您平时对孩子的监督，您对孩子的付出情况，一目了然。而且这种付出与孩子的优秀是成正比的。最近我在看《高考状元的家教秘密》这本书，发现很多高考状元都来自工人、农民、一般职员家庭。家长的文化程度不同，然而，他们有一个共同的特点，那就是勤劳善良，能给孩子树立良好的榜样，注重言传身教。一个喜欢赌博、玩牌，把业余时间消磨在看电视上的家长，能培养出一位优秀的孩子吗？答案恐怕是否定的。您在看电视，孩子果真不受影响吗？那只是您的想当然，您了解孩子的内心想法吗？您的孩子也许可以更优秀，只是因为您没有把注意力放在他的身上。

　　我很重视让孩子记日记，通过写日记可以锻炼孩子的文笔，也可以磨炼孩子的心性。对于儿童而言，坚持写日记不但是在学习写作，而且是在进行道德长跑。想象一下，当你拿起笔的时候，必定要把一天的见闻、表现回顾一遍——这就是一种回顾和内省啊。久而久之，孩子会在不知不觉中对生活和学习进行自我审视。

　　然而，每到周四，有些孩子的日子就不好过了，因为每周写三篇日记，有将近一半左右的孩子完成得并不好。作为父母，除了监督孩子完成之外，还能做什么呢？

　　请拿起笔来，为您的孩子写周记；请拿起书来，每天与您的孩子一起读书。您这样做，是在帮助您的孩子学习，也是告诉孩子将来如何成为优秀的父母——良好的家风就是在这种亲密的共读和字斟句酌的记录中慢慢形成的。家长朋友，请为孩子写吧，请与孩子一起阅读吧。如果您觉得轻松，举手之劳何乐

不为？如果您觉得吃力，那就更能体察到孩子的艰难。

尽管我曾接到家长电话："许老师，您的要求这么多，还要让我们写心里话。我真的没什么文化，只能让孩子先写好，我再来誊抄。"但我依然无悔地放弃自己休息的时间给您写信，我依然一遍遍地督促各位："请和孩子一起读，请为孩子动笔写。"我如此"贪得无厌、得寸进尺"，不为别的，只为了您的孩子，因为孩子需要父母的关心和帮助。

竭尽全力，问心无愧——这是我对自己的要求。希望深爱自己孩子的各位家长也如是。

本次建议：

（1）每天与孩子一起阅读经典童书。每周至少为您的孩子写一篇日记（出现错别字不要紧，您的勤奋将鼓舞孩子），单独写在一个本子上。每个月底我会收上来，这将作为评选"红日班好家长"的重要依据。

（2）本学期班级共读两本书——《小鹿斑比》和《木偶奇遇记》。请家长帮助孩子提前准备好书。

（3）建议您到书店购书时，要给孩子购买经典的书，我会推荐书单给您。

（4）请不要再让"5+2=0"这种现象出现在孩子身上，帮助孩子有效地过好双休日，而不是完全放任自流。

注意：下次我班将召开班级读书会，届时，我将再次邀请一部分家长参加。朱小凤家长将在读书会结束后，围绕她是如何与孩子一起共同成长的这一话题做主题发言，欢迎家长朋友前来聆听。

走进我们的课堂，您的心灵也会更靠近孩子。祝您成为孩子最好的榜样！

班主任：许丹红
××年×月×日

您愿意与孩子每天坚持阅读吗？　　A.是（　　）　B.否（　　）
您每周会为孩子写一篇周记吗？　　A.是（　　）　B.否（　　）

就这样，我利用一封又一封的书信，不断与家长沟通家庭教育问题，与家长的联系也变得更加紧密了。原本不重视教育的、文化程度低的家长,通过阅读信件提升了家庭教育素养。在带红日班时,我坚持每半个月给孩子们写一封信,每半个月给家长们写一封信,这样做班级发生了惊人的变化。有一天,在学校全体教师会议上,我受到了校长的表扬。原来校长室收到了一封来自家长的匿名信——"感谢中山路小学培养了优秀的许老师。许老师不仅是在教书,而且是在育人。许老师写给家长和孩子的信我一定会珍藏起来。"可见,这一封封信最终都走进了家长的心田。

沟通之道

口头语言传播有即时即地的特点,多会受时间和空间的限制。而书面语言则不同,它可以被保存起来,还可以反复地进行品味。在跟家长的书信沟通中,要注意以下几点。

(1) 拥有一双善于发现的眼睛。

给家长们写信,信的内容应该与整个班级,与孩子、家长们息息相关。比如,可以写家长们最关心的内容,将班级中的一些真、善、美以正能量的方式进行传播。在信中尽可能地表扬一些孩子、一些家长,让大家感受到一种向上的力量。可以将教育学、心理学的一些知识,融入信的内容中。班主任要有一双善于发现的眼睛。如果发现班上有重视孩子教育的家长、富有正能量的家长、在班上进步很快的学生,那么就可以把他们作为榜样,在信中进行推介。读到这样的信,家长都会受到鼓舞和感染。

(2) 用民主的口吻、娓娓道来的口气。

书信这种传播方式虽然古老,但它是引起情感共鸣的有效方式。利用书信与家长沟通时,切忌以一位教育者的身份,咄咄逼人,或者以师道尊严的口吻凌驾于家长之上。班主任最好能够以民主的口吻、娓娓道来的口气来写信,就像跟老朋友谈心一般。我每次写信都以"亲爱的家长们"或"各位深爱自己孩子的父母"开头,这样可以拉近班主任与家长的心理距离,让他们乐于看信。另外,忌讳在信中批评某位孩子或某位家长。若有必要反馈一些不良的情况,也要对事不对人,切忌透露孩子的名字,以免让部分家长感到有压力。

（3）设计家长反馈部分。

每次给家长写信，最好能设计"家长反馈"这一板块。家长反馈的内容或长或短，没有多少的限制，比如，家长读了这封信后有什么感受和想法？也可以如案例所示，请家长根据实际情况做出选择。家长的反馈或者建议能够让班主任进一步明确其感受、想法。这一板块的设计也可以促使家长认真去读信，读了信之后有所思考和触动。

二、家校联系本：记录作业，及时沟通

为孩子们准备一个本子，只要简单的练习本就好，在这个本子的右上角写上"家校联系本"几个字。家校联系本主要用来记录语文、数学、英语、科学等各科的作业情况。家长每天检查完孩子的作业后，要在本子上签名。班主任每天早上把家校联系本收起来，及时批阅好，然后通过校信通等方式，与家长沟通学生的作业情况。如果家长或孩子有什么话想对老师说，也可以及时记录在家校联系本上。这样做既方便家长了解老师布置的各科作业，又方便班主任了解孩子在家的表现情况，可以使家校做到有效的沟通。

家校本，让孩子的心灵开花

在带红日班时，班上有一个用王晓春老师的专业名词来描述，就是习惯性懒惰的孩子。小Z每天回家几乎都不做作业，或者做也只是歪七扭八地乱写一气。我找他爸爸妈妈多次沟通，但都没有任何用处。后来，我让他担任提高组组长，负责收发本子，再借助发送喜报，让家长初尝成功的喜悦。渐渐地，小Z妈妈开始关注孩子学习。家长会后，等其他家长都走了之后，小Z妈妈又与我细细聊起来，她告诉我孩子每天做作业要做到晚上9点多。我让小Z妈妈每天在家校本上做好记录，把孩子回家做作业的时间和表现都写在本子上。第二天我可以有针对性地找孩子谈话，并且及时给小Z妈妈反馈信息。就这样，我和小Z妈妈每天在

家校本上联系着。

有一次收到小 Z 妈妈写在家校本上的一段话：

小 Z 在背诵第十课的前两段时比较吃力，后面的那段可以完全背下来。加上写日记，今天回家做完作业已经 20:30 了。许老师，谢谢您这么关心小 Z。您这么尽心尽责，如果每人都像小 Z 这样麻烦你，那您肯定会累垮的。作为小 Z 的妈妈，我深感愧疚。这么多年来，我从来没有为孩子的学习操过心。许老师，您知道吗？我曾经对儿子失去了信心。三年级时，他被某老师惩罚导致腿上乌青。读书也需要天赋，当时我觉得儿子根本不是读书的料，所以也就不去管他的学习了。

许老师，现在我才明白作为家长应该为孩子的学习负责。我仿佛看到多少个夜晚您在台灯下草拟给家长、学生的信，制定班规……您辛苦付出的目的是想让 501 班的每一个学生，都像红日一样慢慢升高，拥有灿烂的明天！正像歌词中唱的：老师窗前有一盆米兰，娇小的黄花藏在叶间，它不是为了争春才开花，默默地把芳香撒在人心间，啊，米兰，像我们敬爱的老师，我爱老师，就像爱米兰……

读到这段文字，我的心中涌起的是感动。我压根儿没有想到，他妈妈居然能写出这么流畅、优美的文字。我禁不住想：许多时候，我们责怪家长不重视教育，不支持、配合老师，为他们蛮横无理而生懊恼和沮丧。那么，我们有没有问过自己为孩子的成长付出了多少呢？人非草木，孰能无情？当我们真心地对孩子好时，家长们是能感受到老师对孩子的一片热心的。我为我的辛勤付出能得到家长的共鸣和理解而感到欣慰。那一点点辛苦又算得了什么呢？我连忙拿起笔写下了这么一段话：

谢谢家长对我的信任和鼓励，其实，我辛苦一点无所谓。如果我们不采取有效的措施，只是放学后给他补课，那对于孩子拖拉的毛病来说也只是治标不治本。孩子要改掉一个长期形成的坏习惯，这是一个痛苦的过程。家长爱孩子心切，但一定不要心软。我相信：只要家长愿意和我配合，和我共同努力，那您的孩子一定能够如一块金子般闪闪发光！让我们一起用十二分的耐心来期待孩子的成长！

就这样，每天我都和小Z妈妈在家校联系本上沟通着、交流着。孩子的进步不会是直线上升的，而是螺旋上升的。也许这段时间孩子表现良好，但过段时间没准又会退步。在家校本上我和孩子妈妈说得最多的一句话是——咬定青山不放松，让我们一起用十二分的努力来期待孩子的进步。

一来二去，我了解到小Z妈妈是一位高度盲残的妈妈，每天辅导孩子做作业，很不容易。了解到这些信息后，我特别的感动。我把小Z妈妈的事迹写成了一封信《感动红日首席好妈妈》，然后念给全体孩子和家长听。

这封信在家长们中间引起了强烈的反响，家长们纷纷留言：与小Z妈妈比起来，我有什么理由为自己的不负责任推脱呢？以前我觉得自己上了一天班已经非常累了，况且孩子读书靠的是天赋，我为什么还要管孩子的作业呢？与小Z妈妈比起来，真是太惭愧了。

教育就是这样一件美丽的事情，没有苦口婆心，没有指手画脚，就这样心灵已被深深吸引。家校本，让孩子的心灵开花！

沟通之道

（1）家校本留言，语气要真诚。

若家长有什么想法或要求，可以直接写在家校本上。班主任在第二天批改时，也可以直接在上面反馈留言，必要的时候也可以与家长打电话沟通。要注意的是，班主任在家校本上与家长沟通时，语气要真诚、真挚，不要摆出高高在上的样子，让家长看后不舒服。

（2）多利用家校本鼓励家长和孩子。

当孩子表现出进步时，或者作业完成得十分认真时，班主任可以利用家校本鼓励孩子，比如可以在上面留言："××帅哥，你真棒！家庭作业做得这么认真！""××帅哥的家长，谢谢您培养了这么优秀的孩子，他的作业本真是让人赏心悦目！"家长看到这样的家校本，心里也一定会替孩子感到自豪，因此，也是对家长的一种鼓励。

三、电话沟通

在如今的信息化时代，电话沟通正逐渐成为主要的沟通方式。由于电话的兴起，慢慢地电话沟通取代了家访的地位。班主任、任课教师或家长不定期互相通电话，通报或了解学生的情况，发现问题时双方交换意见、商议对策。同时，当学生出现紧急或突发状况时，电话沟通也起到了重要的作用。不得不说，电话沟通是一种省时、省力、高效的沟通方式。电话沟通和面谈的主要区别在于，班主任和家长不在同一个空间，不能面对面地交流，看不到彼此的表情、神态以及各种肢体语言，只能听到彼此的口头语言。那么，班主任如何与家长进行有效的电话沟通呢？

1. 建立一个家长联系簿

新接手一个班级时，班主任要制作一个家庭情况联系表。请家长将自己的联系方式、职业、家庭住址、孩子的兴趣爱好等填写好，班主任收起来后，归档整理，为以后与家长进行电话联系做好准备。

2. 主动沟通和被动沟通

班主任要在电话中做到与家长有效沟通，那么就需要对学生家长的文化背景、职业情况，以及他们对子女的教育理念和期望水平等有所了解。不同的家长有不同的应对方式，班主任在沟通中要讲究说话的艺术。

事实上，电话沟通分为主动沟通和被动沟通两种。主动沟通就是班主任主动打电话与家长进行沟通。在主动沟通中，班主任首先要说明自己是谁，然后确认家长是否在忙，有没有时间进行沟通。如果家长有时间，那么可以继续说明打电话的目的；如果家长在忙，那就可以另约时间再沟通。在和家长具体沟通的过程中，要简明扼要地说明打电话的意图，语气要平和，用词要婉转，同时注意一定要肯定学生的优点，这样家长容易接受，并且为接下来谈论学生最近的问题做好铺垫。只有双方态度平和，才有利于电话沟通的顺利进行。此外，班主任可以根据对家长的了解，采取适当的方法来展开话题。由于在电话沟通时看不到对方的

表情,所以班主任一定要注意措辞准确,不要让家长产生误解,同时打电话的声音要清晰、有力。

被动沟通就是家长给班主任打电话进行沟通。在这种情况下,班主任首先要委婉地问清楚家长的意图。有的家长可能是跟班主任谈论孩子最近的情况,这样的家长相对较开明,一般情况下也比较关心孩子的教育。那么,班主任就应客观地评价学生,让家长对学生有全面的了解。有的家长也会因为孩子在学校遇到了麻烦或受了委屈,而打电话找班主任理论,这个时候家长情绪容易激动,班主任要控制自己的情绪,以温和的语气与家长沟通,以便缓和家长的情绪,然后才能有针对性地解决问题。

四、现代媒介,巧妙运用

在互联网时代下,人与人之间的交流和沟通变得更为方便快捷。与家长之间的沟通不仅仅局限于写信、打电话这些传统的方式。班主任要顺应时代的发展,多利用现代媒介,比如,校信通、班级博客、班级QQ群、班级微信群等,巧妙地与家长沟通。在互联网时代下,这些现代媒介的运用会让班主任与家长们之间的联系变得更为紧密。

1. 校信通

校信通是近些年来老师与家长广泛运用的一种沟通方式,这种独特的传播方式兴起于2002年,如今校信通已经逐渐走进千家万户,成为学校和家庭联系的主要方式。

校信通有多种发送方式,可以面向全体学生群发,也可以针对某个学生单独发送。只要拥有一台电脑或一部手机,就可以随时随地与家长进行反馈和沟通。比如,有的老师将孩子当天在校的一些表现,通过校信通及时发送给家长,家长可以通过手机来接收,便于家长和教师把握最佳的教育时机。

除了发送一般的通知之外,我们还可以合理利用校信通,发送一些温馨提示,或者在每个月的月末,向家长反馈孩子的整体表现。当孩子某个方面取得进步后,还可以利用校信通向家长道喜……总之,利用好校信通,能拉进教师与家

第四章 多种沟通，真心实意

长之间的距离。

举例来说，我新接一个班级后便利用双休日，向家长逐个发信息，汇报孩子开学一个月的整体表现。

以下是我发给小昕家长的信息：

小昕家长：您好！您的孩子在这一个月内各方面表现都很好：上课积极发言，爱动脑筋，热爱班级。希望我们继续努力，争取在下一月中，小昕能一如既往地表现出色！——班主任许丹红

没多久，我便收到小昕妈妈的回复：

许老师，感谢您在休息日依然心系孩子们。老师这么辛勤付出，我们做家长的更应该时时刻刻关注自己儿女的成长！——小昕妈妈

以下是我发给小菲家长的信息：

小菲家长：您好！谢谢您培养了这么优秀的孩子。在刚刚过去的九月，小菲努力认真，学习成绩优异，爱为班级做事，是我的得力小助手！有这样的学生，我感到由衷的高兴！——班主任许丹红

小菲妈妈的回复是：

谢谢许老师对我家孩子的高度评价！菲菲在家做作业自觉认真，第二单元考试中阅读分析做得很糟糕，她认识到了问题的严重性，希望通过练习能慢慢提高自己的理解能力。您对孩子的用心，我们能真切地感受到。作为家长，我们会尽力配合学校教育！——小菲妈妈

心与信的沟通

各位家长，您好！爱因斯坦曾说："人与人之间的差别就在于业余时间怎么度过。"暑假已过去将近一半，请在今、明两天把孩子的暑假作业完成情况，以及

背诵古诗（已背几首）、阅读课外书（已看几本）、运动锻炼等各方面的情况，通过短信形式（不会发短信的家长可以打我的手机）向我汇报一下。我会根据家长汇报的情况，有针对性地进行家访。为了孩子的明天更美好，让我们一起努力！

　　我利用校信通的群发功能，向我们可敬的家长发出了上面这段话。后来我陆陆续续收到了很多信息，然后根据每个孩子的具体情况，我又逐一进行了有针对性的回复。这样的交流很便捷，不受时间和空间的限制，而这样的互动的确也能走进家长的心中。许多家长事后反馈说："许老师的回复让我们很受感动。"下面是我和家长在校信通上沟通的几则例子：

　　林余乐：暑假作业已做好，5篇作文已写好，古诗背了40首，课外书看了12本，天天跑步1小时。

　　我的回复：真棒！告诉乐乐，许老师抱抱他，以示鼓励！继续加油哦！

　　左纯存：①70首古诗已经背下来，但不是很熟，过些日子再复习。②5篇作文抄成小报已完成。③语文、数学暑假作业已完成并订正好。④课外书已看了9本，还在继续。⑤正在学习拉丁舞，因为没跟上音乐，小组动作考试只得了98分，因此打算买个电子琴让孩子学习音律。⑥已买好下学期的语文、数学课本，准备让她预习相关的内容。

　　我的回复：纯存的暑假计划落实得非常到位，棒极了！给孩子鼓掌！失败并不可怕，关键要从失败中站起来。建议：每天让孩子温习古诗，可10首古诗一起温习，这样记忆起来很有效果；继续加强运动和锻炼，拥有健康的体魄，才能拥有美好的未来！祝亲爱的纯存暑假快乐！

　　倪慧洁：孩子暑假作业与5篇作文在7月17日已完成。看完课外书17本，背古诗40首。每天吃过晚饭与小朋友玩老鹰捉小鸡、猜谜语、跳绳等游戏。周六去公园或植物园。语文课预习至第十二课，数学课预习至第四单元，正在教她练习万以内的加减法。现在每天都在自己洗袜子、内衣，还帮忙洗菜、洗碗等。

第四章　多种沟通，真心实意

　　我的回复：孩子的暑假过得真是丰富多彩，收获多多！劳动、学习两不误，棒极了！奖励一个拥抱！建议：①接着背诵古诗，每天背诵时，请先加强前面古诗的温习。②没有一艘船能像一本书一样把人带向远方，请继续乘坐世界上最廉价的交通工具——图书，在世界各地遨游。③注意保护眼睛。④经常与孙笑叶保持联系，在读书上可与她进行赛跑。

　　张挺峰：峰峰暑假作业都已在7月18日前完成了，古诗已背了44首，课外书已看了11本。每天晚上散步锻炼身体。

　　我的回复：暑假前期落实有效，表扬！挺峰的理解能力相对较弱，请有针对性地进行一些训练。数学是他的薄弱学科，可以将下册数学书借来进行预习。告诉孩子，每天仅仅散步，运动量不足，需增加能量消耗大的运动。古诗还需要进一步温习。课外书可以继续读下去！

　　范宇玮：许老师您好！我是宇玮妈妈，宇玮已经在半个月前完成了暑假作业。现在只剩一篇作文没有完成，待我们从上海世博会回来后再写。她已经看了7本书，不过挑选的都是一些漫画书。现在她整个人沉迷于看电视，浪费了许多时间。现在才背了15首古诗。晚上经常带她出去散步。

　　我的回复：看漫画书也需要掌握一定的度，沉迷于电视更是糟糕，建议在接下来的日子，对宇玮看电视的时间要严加控制，让孩子多看一些有益的课外书，多背古诗，多运动，早点预习三年级的课本也无妨。在班级女生中，宇玮的假期表现一般，望家长再加把劲。

　　……

　　今天，我再次通过校信通，把班级的两大榜样——倪慧洁和孙笑叶家长的信息，转发给其他家长，传递一种力量，以此鼓励所有的家长学会寻找差距，发现问题，同时能给他们带去一些启迪和思考。

　　刚才，我又拿起手机，特意给班上的"顽固分子"打电话，对他们的暑假情况进行跟踪追击。呵呵，山不过来，我就过去……

　　其实，作为一位班主任，我能做的也就这些，可做的也就这些。对孩子起关键作用的还是家长的言传身教。漫润、渗透，如春雨入土一般，点点滴滴……

沟通之道

校信通既有群发的功能，又有单独发送的功能。通过校信通，发布学校、班级里的各种事务通知，仅仅是校信通的基础功能。我们可以在此基础上，挖掘更多其他的功能，利用"校信通"这个平台，更好地为班主任开展班级工作服务。

（1）喜报功能，多表扬孩子。

其实，"校信通"同时也兼有一种报喜的功能。当看到孩子有进步的表现时，可以采取单独发送的方式向家长报喜。比如，可以这样说："××家长，您的孩子最近在××方面表现格外突出。特向您报喜。感谢您把这么棒的孩子送到学校来！"当孩子成绩进步了，当孩子习作写得好了，当孩子乐于助人了……都可以通过这个平台，及时向家长报喜。相信家长读到这样的信息时，内心一定非常高兴和温暖。

（2）积极互动，拉近家校的心理距离。

我在带长河班时，开学一个月后，我便利用国庆节假期时间，通过校信通这个平台，给每一位家长发送了一条信息，内容是各个孩子开学一个月内的表现，以及委婉地提出了一些建议。很多家长收到信息后觉得十分意外，这种做法也让家长十分感动。甚至有几位家长（这几位家长也是老师）反馈说："同样做老师，实在被许老师的这种行为打动。"一直到毕业，还有家长在念叨这个细节。这一小小的举动为后来的家校沟通做了良好的铺垫。

（3）切忌"报忧不报喜"。

校信通主要是通过书面文字进行交流，班主任掌握了话语权和主动权。现实生活中，很多班主任平时不怎么用校信通，即使使用校信通，也只是发送学校通知或者家庭作业的要求。有时候，孩子犯了错，班主任第一时间利用校信通反馈给家长。长此以往，家长一看到信息就会心生厌烦，认为校信通发来的消息不是学校有事，就是孩子出了问题。我曾经听到一位家长对新班主任说："原来的班主任总是用短信跟我说孩子哪件事情做得不对，我一看到信息就觉得头疼。"当然，通过校信通，适当地反馈孩子的某些不良表现无可厚非，切忌总是"报忧不报喜"，那样家长只会退避三舍。如果孩子真的出现了什么问题，班主任最好还是

电话沟通或上门家访，这样做更合适。

2. 班级博客

博客大约在十多年前兴起，它伴随着互联网的产生而诞生，随着互联网的发展而发展。顾名思义，班级博客就是以一个班级的名义建立的博客。比如，深圳的特级教师陈晓华、南京著名班主任陈宇等老师的班级博客，在全国都享有盛名。班级博客发展最鼎盛的时候，一些学校规定每个班级必须都有博客。借助班级博客，家长可以及时了解班级的动态，随时随地掌握班级的最新情况，了解孩子的近期表现。

那么如何建立一个班级博客呢？就拿新浪博客来说，班主任可以自定义班级博客的名称，设置不同的栏目和板块，比如，可以设置班级动态、榜样人物、习作天地、老班手记等，根据自己的需要进行个性化的设计。博客既可以发布图文消息，上传图片，更新最近动态，也可以与家长的博客、学生的博客、其他名师名家的博客关联，转载一些有价值的好文。班级博客成了凝聚班级向心力的地方，成了老师、家长和孩子们的心灵乐园。

我创设的新浪博客名为"月下小荷"，班级动态全部在博客上有所体现。班级博客具体分为：老班日记、班务在线、佳作连连等不同的板块。每次班级开展活动后，我都会把一些活动的照片上传至博客；每次孩子获奖后，我也会把相关照片上传至博客。这样家长随时随地可以关注班级的动态。当然，这其中有义工家长帮助打理博客。近年来，因为微博、微信的快速崛起，博客渐渐趋于平静。

3. QQ 群

腾讯 QQ 软件改变了人们的沟通方式，尤其是 QQ 群的存在，让班主任与家长们之间的沟通变得更加便捷。这种即时的文字传播，让互动性强、参与程度高、操作简单方便的 QQ 群，成了班主任与家长、家长与家长之间沟通的桥梁。

几乎每个班级都建立了自己的 QQ 群。班主任（或指定一位义工家长）可以申请一个 QQ 群。确定群号后，利用校信通的群发功能，告知所有的家长，呼吁大家及时加入，加入时要注明身份。凡是加入 QQ 群的家长都要修改自己的群名片，最好以孩子名字＋爸爸（妈妈）的方式命名。

QQ群可以形成一对一、一对多、多对多、多对一等多种交流阵形,就某一个问题呈现多种思想与感受。比如,每个人都可以随时加入正在进行的聊天话题中,既可以加入群聊,也可以在单独的对话框里私聊,还可以在 BBS 上发帖、进行评论。此外,QQ 群也有专属相册,它最强大的一个功能是可以上传班级学生的活动照片。每一次班级活动结束之后,我都采取高清或原图的方式,把照片上传到这个相册,所有的学生家长都可以进入相册欣赏照片或者自行下载。如果将一年级到六年级的活动照片都完整地保存下来,那将是多么珍贵的回忆。

4. 微信群

近两年随着微信软件的普及,更多家长喜欢使用微信,有的甚至都不怎么使用 QQ 了。就像 QQ 群一样,基于微信而建立的班级微信群也有得天独厚的优势。从 2016 年的新学期开始,我与家长们的交流也渐渐地从原来的 QQ 群主阵地转移到微信群上了。当然,我继续保留了 QQ 群的相册功能。

(1)微信群的建立。

班级很多家长都加了我微信好友,我先把通讯录里的家长拉入班级微信群,初命名为"北港长河 603 班"。然后把微信群的二维码发布在 QQ 群中,通过校信通通知每一位家长,请家长通过扫描二维码或好友拉好友的方式,尽快加入我们班的微信群中。一周时间不到,几乎全班家长都加入了微信群中。大家都以孩子名字+爸爸(妈妈)的方式修改好群名片。这样,我们的班级微信群就正式确立了。

许多家长纷纷感叹,如今有了微信群,家校沟通起来更方便了。为了让整个班级微信群活跃起来,我开始动起了脑筋。怎么才能调动家长形成良好的交流氛围呢?于是,我指定班级的家委会成员楚涵妈妈列出一周的值群表,每天两位家长负责值群。值群家长要在群内积极发言,根据当天班上孩子的学习、生活情况,可以聊生活、聊孩子、聊工作,也可以转发微信公众号里的有价值的教育文章。不管是转发,还是沟通交流,只要内容积极向上都可以。

果然,有了值周群之后,原本沉寂在群中潜水的家长开始参与进来。微信群逐渐形成了良好的交流氛围。每天早晨都有家长在群中问候。我也会及时将班级活动的照片、孩子们获得荣誉后的照片,上传至微信群。一般采取原图发送的方式，方便家长自由下载。每次发送完照片之后，家长们都会在微信群中送上鲜花和掌声。

（2）微讲座的开展。

当然，设置微信群的目的不仅仅限于以上这些方面。微信群还有一个更便利的功能——可以借助它开展班级微讲座。新学期一开始，我便根据孩子们的各项表现，评选出了班级优秀少年，邀请其中的四位家长在微信群中进行微讲座。

于是我提前在微信群中预热：本周六晚19点，第一批班级优秀少年的家长——沈楚涵妈妈、姚若菲妈妈、张钦杰妈妈、金梓昕妈妈，将为我们带来精彩的微讲座。每人20分钟的时间，讲讲如何让孩子在寒假做到学习、生活两不误，如何帮助孩子过一个有意义的寒假。注意：当以上四位家长在发言时，其他家长请禁言，等全部家长讲完后，大家再进行讨论。

我每天都在微信群发送三遍通知，家长们都非常期待初次微讲座。梓昕妈妈说："太紧张了，从来没有听说过什么微讲座。"楚涵妈妈笑着说："紧张得晚上都睡不着觉。"

在所有家长的热烈期待下，微讲座如期开始。四位家长准备充分，讲得非常棒。楚涵妈妈那天在杭州办事，坐在杭州到桐乡的快客上，给家长们进行微讲座。而我一边在书房锻炼身体，一边主持微讲座。好多家长表示听后非常震撼：原来同样的假期，有的孩子只是懒散地玩电脑、看电视，有的孩子却那么努力。家长纷纷感叹说听完这次讲座触动很大。有的家长没时间准时收听，但一个个都事后补听。第一次微讲座出乎意料的成功。

两周后，我们紧接着进行了第二次微讲座。那天，正好爱人不在家，我独自一人带小孩，在一定程度上干扰了我的主持。于是我想，办法总比困难多，该改变策略了。从第三次微讲座开始，班级微信群开始引入主持人。张汐爸爸第一次主持微讲座。有的家长负责主持，有的家长负责发言，我也可以像其他家长一样，静静地聆听，然后做简短的点评。

从第四次微讲座开始，微讲座这个舞台就交给了孩子们。主持人是班上的孩子，主讲人也是班上的孩子。只要这个孩子有擅长之处，只要这个孩子有闪光点，就能在这个舞台上发言。每次微讲座开始前，每个孩子还要展示自己的才艺，比如，钢琴、笛子、萨克斯、画画、书法等，用手机拍成视频上传至微信

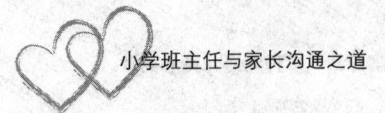

群，全班孩子和家长都能看到。

这样，把微讲座的舞台交给班级里的孩子们后，我发现比之前家长负责微讲座的效果更好。有一次运动会上，一位家长来观摩，她拉着我的手说："许老师，我以前只知道赚钱，从来不管孩子的学习。现在想起来，真是后悔！这个微讲座太棒了，我家孩子听同学说做作业时可以给自己定好时间后，回家也采用这种方法，他现在做作业也不再拖拉了，真是谢谢您！"听着她连声的感谢，我感到微讲座也有了收获。

从第五次微讲座开始，为了更加突出广告效应，微讲座的人员要一起大合影，然后再配上吸引人的广告宣传词，提前发送到微信群中，引起所有家长和孩子们的热切期待。每一个孩子、每一位家长都为在微信群中做一次微讲座感到荣幸。

班级的家长多为私企老板，平时的精力主要放在如何打拼事业上。针对这种现象，我在微信群中提出了"不比吃穿比才艺，不比聪明比勤奋"的班训。让我感到高兴的是，一时间班级学习才艺蔚然成风。两位孩子原本已放弃钢琴的学习，受此感染，又重新弹起了钢琴。家长跟我说起这件事的时候，都对班级微讲座创意感到满意，并送给我一个大大的赞。

此外，通过微信群还可以征集话题、发起投票、征订班服等。我们不得不感慨现代化通信设备带来的便捷和高效。班级微信群的有效使用，为我们的班主任工作打开了一扇窗。以下是金梓昕同学的微讲座内容。

> 尊敬的老师、叔叔、阿姨，亲爱的同学们：
>
> 　　大家晚上好！
>
> 　　我是金梓昕，今天能在这儿演讲，我感到非常荣幸。今天我讲的主题是：如何在学好主科之外学好美术、音乐、体育和奥数。说实话，我在这些方面依然有欠缺，与优秀同学相比差距还很大。我只能讲讲自己学习方面的几点体会，与大家一起交流。我觉得不管学什么，要学好，主要依靠以下"三宝"。
>
> 　　第一宝是兴趣！如果你对一样事物没有兴趣，那么你肯定学不好。因为你根本不想去学，也不会学得太深。相反，如果你对所要学的对象充满兴趣，那么你想不学好都难，因为你会去钻研、去深入。而且，兴趣是培养起来的，暂时不喜欢的东西，学的时间长了，学习有所进步了，你也会产生兴趣。

第二宝就是恒心和毅力！有了兴趣还不够，做任何事，持之以恒很重要，不能半途而废。即使失败了，也不能放弃，跌倒了要再爬起来。毛主席曾经说过"事上无难事，只怕有心人"。只要你有恒心、有毅力，只要你用心去做、努力钻研，坚持不懈，你就一定会成功。

　　说起第三宝，它也是必不可少的，那就是——谦虚！俗话说得好"虚心使人进步，骄傲使人落后"，不管你取得多大的进步，也要像居里夫人那样不被盛名冲昏头脑，要谦虚谨慎，这样才能更上一层楼。山外有山，人外有人，比自己优秀的人不计其数，我们只不过是沙漠中的一粒沙，是那么的渺小。

　　有了兴趣、恒心和毅力，保持获得荣誉后的谦虚，即使你没有天赋，也能学好，比别人做得更优秀。大家一定听说过"笨鸟先飞"的道理，就拿我来说，虽然跟优秀的同学比起来仍然有差距，但我笨鸟先飞，早早就开始学习，相信通过坚持不懈的努力，我一定会超越自己。

　　同学们，爸爸妈妈让我们学这学那，你们肯定会感到烦心。可是，反过来想，在未来，你会比别人多一份机遇，多一次胜出的机会，多几个有共同兴趣的朋友。每个人都要有危机感和紧迫感，因为优秀的人也许比你更努力，更自律，更付出。

　　以上是我的一点小小的体会，感谢大家的收听，谢谢大家！

第五章 进行家访，心心相印

近年来，随着互联网、现代通信手段的普及，尤其有了校信通、QQ群、微信群之后，传统的家访大多被网络、电话访问等新形式取代。同时，加上某些家长担心家庭贫富状况、父母婚姻状况等隐私外泄，也就有了婉拒老师上门家访的现象，传统的登门家访正渐行渐远。

尽管如此，家访的特殊意义依然是无可替代的。有些地方的教育行政部门或部分学校以"行政手段"或"纸质记录"等方式来推动"家访进万家"活动，这种做法的初衷是好的，假如不被老师理解，变成了一种任务和形式，那就失去了家访的真正意义。

新形势下，家庭教育正处在重要的转折时期。独生子女的家庭结构很容易带来孩子的个性问题、社会化障碍、非智力因素的欠缺；家庭物质生活的极大满足很容易腐蚀孩子，造成他们畸形的消费观和幸福观；传媒的发达和爆炸式信息很容易促使孩子早熟，见多识广的同时，也分散了他们的注意力，无法认真学习；社会的开放势必会彰显学生的个性；沉重的就业压力和激烈的竞争，又提升了家长对孩子的期望值；学校之间的应试竞赛迫使学校不断向家长施压，孩子和家长承受的压力会越来越大。

在这样的社会背景下，有些孩子养成了任性、以自我为中心、不懂规矩、没有责任感、缺乏社会交往技能、注意力不集中等毛病。一旦进入学校，教师特别是班主任要面对各种问题，那么，如何根据家长和学生的实际需要，进行得体、有效、温情的家访，让家访成为教师和家长、学生情感交流的纽带？这是本章要关注的问题。

一、约谈家长

在现代社会，时间是最宝贵的，也是最奢侈的。大部分家庭居住的都是楼房，如果直接到家里进行家访，在硕大的小区找到学生所在的住所，着实有些不容易。家长无数次打电话询问，浪费时间不说，效率也比较低。因此，我建议根据一些特殊情况，可以利用约谈的形式进行家访。

与家长约定某个时间，可以在学校一个僻静的会议室，或者其他既安静又隐蔽的地点，和家长进行约谈。教师可以穿上校服或西装等正式服装，男教师系上领带，女教师化淡妆，这样可以营造一种正式、隆重的氛围。按照事先与家长约定的具体时间进行面谈。下面是约谈家长的通知和回执。

××家长：

请于周三下午14:00，在学校行政楼三楼会议室，和班主任围绕孩子的学习情况、在校表现等情况，做一次沟通与交流。您想询问老师哪些问题，或者您想与老师沟通哪方面的情况，请及时准备好。谈话时间大约20分钟。

回　　执

您能准时赴约吗？您最想就孩子哪几个方面的问题与班主任交流？请简单将问题写在下面，方便班主任提前做好准备。

_____

_____

_____

约谈前，班主任可以根据回执上的内容，做好充分的准备。具体来说，根据家长提出的要求，以及家长感兴趣的话题，做一些约谈前的准备。在约谈的过程中，班主任态度要真诚，要把握好时间，不要过分拖沓。在平时的学校生活中，

看到该孩子的哪些优点或不足,都可以借此机会跟家长进行交流。或者对孩子的学习、习惯及家庭教育方面提一些建议。总之,要言简意赅地与家长进行沟通交流,这种约谈家长的方式在国外也比较流行。

我在班级里经常运用这种方式:每隔两周利用一个课少的下午,约谈3～4位家长。利用这种约谈方式见面的家长,平时在班上多不太善于与老师打交道,在QQ群、微信群中发言也比较少,孩子的学习习惯、生活习惯都比较差。这种正式的约谈方式得到了家长的肯定,也收到了比较好的效果。

二、对"弱势孩子"的上门家访

不可否认,班主任亲自登门访问,给孩子带来的鼓励,是其他任何现代的沟通媒介都做不到的。可以说,上门家访是班主任的有效投资。当然,家访要把握一条原则,即尽量不要在家长面前告状,而是要从欣赏和肯定的角度,多鼓励孩子,再委婉地提出一些建议。本节重点谈谈"弱势孩子"的上门家访。

对班上表现较差、不认真做作业、不爱劳动、学习成绩较差的孩子,班主任若能利用业余时间,专门进行一次家访,与家长推心置腹地交流和沟通,对孩子一定会产生积极的作用。由于这些孩子平时在校表现较差,所以家长也相应有些低调和自卑。班主任若能亲自登门家访,真诚地与家长、孩子沟通,多谈谈孩子的优点,听听家长的心声,那么会拉近与家长之间的心理距离,给孩子更多的温暖和鼓励。

我的案例▶▶▶

雨儿点点

一丝丝的雨,如牛毛、如花针、如细丝,密密地斜织着。抬眼望去,一幢幢的房屋全笼罩着一层薄烟。江南的雨景如诗如画,"沾衣欲湿杏花雨,吹面不寒杨柳风"。就在这样一个飘着小雨的星期天下午,我撑着一把带有绿花小白点的漂亮雨伞,向目的地走去。

小学班主任与家长沟通之道

一

转过两个弯，绕过一段尚未修好的泥路，走进一个小区，来到一幢临店面的房屋。小俊家是哪一间呢？尽管去年他生病时，我来过一次，但如今又有些记不得了。寻思、回忆，还是搞不清楚。凭记忆，走上一户人家，敲门，没有声音。

换一个楼梯，再敲门，随即门打开，是小俊的妈妈。我连忙打招呼说："我来看看小俊作业做好了吗？"我跟随着小俊妈妈，进入了小俊爷爷、奶奶居住的夹层。只见小俊正坐在床上，趴在一张比床高一些的凳子上写作业。与凳子相隔10厘米的地方就放着一台电视机，里面正在放广告。床上坐着小俊的爷爷和表妹。下雨天，整个房间都很昏暗，唯一散发出一点光芒的地方就是电视机。

小俊看到我来了，脸色变得有些紧张。问及作业，他才开始做最简单的抄写词语。他姐姐已做完作业，去同学家玩了。爷爷、妈妈正在劝小俊上三楼去做作业，可他不愿意。

我问小俊妈妈："今年小俊的睡眠和回家做作业情况怎么样？"得知他还是老样子，很晚才睡觉。他的妈妈念叨着孩子如何不自觉，家人也没办法管理，说小俊屡教不改。

我笑着对小俊说："在这样的环境中能做好作业吗？你的眼睛怎么办呢？"他不好意思地笑了笑。

我讲了小俊在学校里的进步，并与他商议如何解决自控力差的问题。我告诉他，首先必须在安静的环境中做作业，这样才能集中注意力，提高效率。

我与他妈妈商议，以后每天发一张表，让小俊反馈每天做家庭作业、睡觉的时间，看看小俊的自我管理能力怎么样。坐在旁边的小俊拼命地点头，自信地说："老师，我一定能做到。"

小俊的妈妈送我下楼梯，边指着上面的房子边说："小俊和姐姐住在三楼，上面有他们的房间，也有书桌，可他总赖在爷爷奶奶的屋子里，不肯上去。"我对旁边的小俊说："你是男子汉，以后该一个人睡觉了。"他忸怩地点了点头。

二

雨丝细细地飘洒着。春寒料峭，我感觉到一阵阵的凉意。

穿过一个十字路口，小俊带我来到了芳芳家。这是一家茶馆，坐满了外地打工者，大家都在抻着脖子看电视。

"芳芳妈妈，你好！"我笑着对门口的一位妇女说道，之前跟她妈妈见过面。"许老师，你好！"她有些惊讶，也有些激动。"芳芳，芳芳，你老师来了。"她扯着嗓音喊道，一口湖南腔。我知道，芳芳妈妈是湘妹子。

芳芳和妹妹出来了。我笑着说："芳芳，你作业做好了吗？""做好了。"芳芳爽快地说。"给老师看看好吗？"她随即上三楼去取自己的作业了。

芳芳妈妈搬来了凳子，还拿了四个橘子，剥开一个让我吃。我推辞着没吃。"老师，芳芳在学校里是不是不乖？"她妈妈急忙问道。

"没有，最近芳芳进步挺快的，字也写得漂亮多了。"妈妈听了开心地笑了。

翻看着芳芳的作业本，我不由得称赞起来。对于这样的弱势生，也许最缺乏的就是表扬和赞许了。哪怕她有一点进步，我都应该热情地表扬她。何况，最近她进步神速，我怎么能吝啬我的表扬呢？

看到芳芳整天头发油油的，一问才知道原来她三天没洗头了。我交代家长让她注意个人卫生，记得多鼓励她。其家人都笑着送我出来。

三

雨儿点点，芳芳走在前面，我让她和我一同撑伞，她说不用。

走过一段路程，芳芳帮我摁响了晓金家的门铃。走上晓金家的楼梯，我发现分外干净。房门开了，迎接我的是小俊的姐姐小琼。"许老师好！晓金躲起来了。"小琼眯着眼睛说。

我还没走进门，晓金就冲了出来。"许老师好！""你好！"我也笑着向她打招呼。

整个房间装饰一新，家里干干净净。晓金爸爸和妈妈都出来了。"老师，看到你来,我们真高兴。我家晓金学习成绩很差,不乖!"

"没有,最近她进步很快,文章也写得越来越好了。"我摸着晓金的头,笑着赞许道。她的家庭作业本干净又整洁,翻看着作业本,令人感到欣慰。

晓金爸爸带着我参观了一下晓金的卧室,她和姐姐居住在夹层的房间里,宽敞又明亮。原来去年家里刚装修好房子,整个居室有两百多平方米。全家人居住在三楼,其余的房间全部租了出去,一年下来租金收入也有十多万元。由于拆迁,他们一家的居住环境、生活条件都变好了,可管理孩子的水平似乎没有多少进步。

晓金爸爸非常好客,泡了茶,拿来瓜子热情地让我吃。我只是喝着茶,言谈之中才知道,他娶过三个老婆,第一个老婆生了一个女儿,后来离婚了。第二个老婆生了晓金,后来也离婚了。现在又娶了一个老婆,还带着一个儿子。这样一个组合家庭,倒也其乐融融,委实不简单。

其间,小俊的妈妈过来叫她女儿回家吃晚饭。几位家长站在房间外面都谈到了原来老师的班级管理能力,说上一位老师只会严厉地批评,不知道使用教育方法。大家都夸我的教育方法好,善于鼓励学生,说学生也都喜欢我。我无意评价其他老师。我刚来学校,也不了解村小老师的情况,我只是尽力做自己该做的,把更多的关爱和鼓励送给班上的弱势孩子。

听着家长的鼓励,我的心里不禁生起一阵温暖。在以后的道路上,我会继续努力。后来晓金爸爸多次盛情邀请我吃晚饭,我都拒绝了。

四

雨儿点点。五点了,江南的早春,朦朦胧胧,天色也不早了。

在晓金和他爸爸的带领下,我来到了本次家访的重头戏——小彬家。摁了门铃后,半天没人应答,突然从二楼看到探出身来的小彬。

走上二楼,小彬的妈妈也在。简单的寒暄之后,我直奔主题,说要检查小彬的作业完成情况。我坐在沙发上耐心地等着,可小彬又是掏书包,又是翻书包,半天迟疑着不过来。刚才还对我说,只剩一项作业了,看来这孩子在撒谎。我让他把所有的本子拿出来,他忸怩着,脸色变了。我一本一本看着,每本上面都空

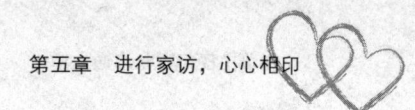

空的,一个字也没有写,难怪他刚才咕哝着,一直不过来呢。

随即,小彬的妈妈操着云南口音破口大骂起来,说小彬昨天拿钱去打游戏了。这时候,小彬的爸爸也回来了。他的爸爸看上去将近50岁,与他妈妈的时尚、年轻形成了强烈的对比。

我与小彬的父母商议着怎么解决孩子的家庭作业问题。小彬的妈妈说:"我要上夜班,没时间管理他,而且我也不识字,没法给他检查作业。"小彬的爸爸说要干夜工,也无法管理孩子。于是我劝导他们:"没有家庭的配合,单靠学校教育,孩子很难取得进步。现在不完成家庭作业是小事,如果以后不好好学习,整天打游戏、打台球,跟不良少年混在一起,到那时恐怕想管也管不了了。"他爸爸随即表示,最担心的就是这一点。

我对小彬的父母说,每天要保证有一位家长在家,管理督促孩子做家庭作业。我说我会专门把小彬的家庭作业放在一个袋子中,在需要做作业的地方折个角,这样家长就知道检查哪里了,然后只需签上名字就可以了。

我总感觉小彬的父母互不理睬,在教育孩子的事情上,没有好好地沟通,不知道在这样的环境生活,小孩怎么能读好书呢?

我走进小彬的房间,跟他简短地交代了一下。问他能做到吗?他点着头,响亮地说:"行!"

和晓金一起离开了小彬的家,可我心里总是沉甸甸的。

五

雨丝儿继续飘着,告别了晓金,我急速往家赶。此刻,手机音乐响起,老公催促我回家吃晚饭了。

细雨飘在了我的身上。一路上,我都在想:居住在城郊的家庭因拆迁,手中的钱一下子多了,房子也变得敞亮了,可孩子的教育问题、家长的素质问题却依然让人堪忧。

路漫漫其修远兮。就这样,雨丝不停地飘落着。

沟通之道

这是我八年前上门家访时记下的一个片段。读着这些文字，我内心满溢着一种温暖。这样的上门家访带着一颗真诚的心，给予孩子和家长的是一种温暖。上门家访也能帮助班主任找到孩子学习、习惯不够理想的原因，更加有的放矢地指导家长的家庭教育。

（1）做好准备工作，不打无准备之仗。

班主任在家访之前，都要做好准备工作。家访的时间不宜过长，控制在半个小时左右。家访前要理清谈话的重点，即要想好到该孩子家中，最想与家长沟通的问题。一般而言，在通信如此发达的情况下，我们家访的对象多为一些"困难户"，多为家庭教育存在某些问题的家庭。当然，有的家长的教育方式很独到，班主任也可以专门前去"取经"。

（2）家访不是告状，多肯定孩子的优点。

班主任上门家访，要在家长面前多肯定孩子的优点，比如可以说：您家孩子很有礼貌，我们看着很喜欢；您家孩子劳动积极，不怕脏，不怕累，这一点是您培养的结果……找到孩子的闪光点，多肯定孩子。家长听到这样的话，一般都会比较放松，然后，可以在谈话中顺着家长的话题，切入正题，委婉地提出孩子存在的问题，分析给家长听。可以问问孩子在家里的表现，再和家长商议，一起帮助孩子想办法，让孩子取得进步。这样的话语，家长都能听进去，不会觉得班主任是来"兴师问罪"的，而是在真心帮助自己的孩子。

三、特殊情形下的上门家访

教育教学过程中总会遇到一些特殊的情况，例如，学生因生病一周没有上学，班主任要进行家访，亲切慰问或者帮他补课，让孩子真切地感受到班主任的关心与爱护；当学生的情绪出现比较大的波动，比如厌学或者性格突然发生变化时；或者在学校期间与同学发生比较大的冲突；或者家长遇到了困难，没办法解决，向班主任求助时……面对这样的特殊情形，班主任就要上门家访。下面是我

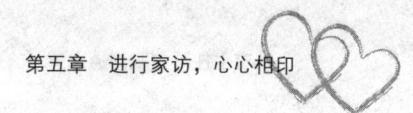

在家长无奈的"特殊情形"下进行的一次家访。这次家访中与孩子及其家长的及时沟通,帮助整个家庭解决了问题,取得了理想的效果。有一些特殊问题,必须通过上门家访才能解决。

她为什么总是在校外拿别人的东西

"许老师,今晚有空吗?"电话中传来小Y妈妈哭泣的声音。"怎么了?"我一惊。小Y妈妈哽咽着告诉我,小Y在某培训中心偷拿了若干东西,其中有老师价值不菲的手机等。而且,听她妈妈说这已经不是第一次了。

小Y怎么会做这样的事?要不是她妈妈来电,我无论如何都想象不出在她身上会发生这种事。除了成绩不是很优秀,小Y一直乖巧懂事,有礼貌,讲文明,可以说人见人爱。再说,教她三年,我也从没发现这孩子有爱拿同学东西的毛病呀。

小Y妈妈在电话那头泣不成声。这是一位懂教育的妈妈,她把孩子的品行看得比什么都重要。我理解小Y妈妈此刻的孤独无助,要不是无处可诉,我想,她肯定不会打电话给我的。况且现在正处在暑假,我又独自一人带着一个一周岁多一点的孩子。做了妈妈,对养育孩子的艰辛和劳碌,我的体会也更加深刻。因此我很理解电话那头一位妈妈焦灼无奈的心。

"好的,你别着急,我今天晚上到你家家访。"我毫不犹豫地说。

和老公协商好必须去家访一趟,好在他支持我的工作。等老公给儿子洗好澡,已晚上7:15。天色已晚,江南的初秋已有阵阵凉意。我赶紧下楼开车直奔家访地点。把车停在小Y家小区门口后,我凭着记忆在小区里找了半天。天色昏暗不明,除了从窗内折射出来的零星灯光,小区内静无人声。刚听闻这个小区的游泳池淹死了一位小学生,我的心"咯噔咯噔"跳得厉害。

经过询问才确认小Y家住七楼,我于是急匆匆地爬上楼梯。到小Y家后,孩子姑姑、爸爸、妈妈都坐在客厅的沙发上,孩子则呆呆地坐在自己的房间。

我与小Y打招呼,然后坐在沙发边与小Y妈妈聊起来。我关注的是,孩子发生这样的事情已经几次了？每一次家长都采取了什么应对措施？

小Y妈妈告诉我，第一次发现孩子喜欢拿别人的东西，是在她两周岁的时候，当时她拿了表姐的银耳环。那时觉得孩子小不懂事，就跟她说了很多道理。后来，她还拿过舅妈的一些看上去花里胡哨的饰品，不过都是假的，也不值钱。孩子妈妈采取了惩罚措施，让孩子在门外站了四十分钟。后来小Y妈妈在这方面的防备心很重，小Y去亲戚、同学家，都不让她带包。几乎天天都跟孩子讲不能拿别人的东西。前不久，孩子拿了表姐价值400多元的MP4，被妈妈用针扎手心，都扎出了血。

今天，小Y又拿了培训中心老师的粉红手机、一件很漂亮的老师做示范用的手工作品、同学的一块粉色的卡通手表，还有一些看上去很漂亮的小玩意儿。培训中心的负责人告诉小Y妈妈，要不是当场抓住，他们根本不会怀疑是小Y拿的。因为小Y在培训中心表现很优秀，每一位老师都很喜欢她。

孩子妈妈问我："她为什么要拿别人的东西呢？去年去苏州夏令营时，我给她买了一部手机，也是粉红色的，很漂亮。无论孩子要吃的、要玩的还是要穿的，我都会满足她。她也有很可爱的卡通手表，前年全家去香港时给她买的。"小Y妈妈百思不得其解，孩子几乎什么都不缺，为什么还要去拿别人的东西呢？

小Y妈妈感到很伤心，她说："我把整颗心全都放在了孩子身上，一有空，我就带着孩子去玩。前两天还带她去博物馆、美术馆等地，别人玩都是匆匆走个过场，我每去一个地方都逐字逐句地介绍给女儿听。西餐馆、中餐馆……所有孩子爱吃的、爱穿的，她全都得到了满足。女孩要富养，因此我都尽量满足孩子，希望她日后能有更宽阔的眼界，能抵挡住一些诱惑。去年孩子爸爸赌钱输了一百万元，这对我的打击都没有小Y偷拿别人东西对我的打击大。为了孩子，我在努力维系着婚姻……真没想到，孩子的品质这么差。"妈妈坦言，她觉得天都要塌下来了。

从小Y妈妈的描述中我注意到，这孩子对钱并不感兴趣。她偷拿的都是看上去比较漂亮的东西。只要她觉得这个东西漂亮，哪怕家里有，她也会得到这个东西。在学校我从来没有发现她拿同学的东西，这说明她对学习用品等并不感兴趣。

我先劝慰小Y妈妈："你放心，孩子所有的问题都是在成长中表现出来的，不用着急，一定能解决。"然后我走进房间开始与孩子交流。我让她姑姑出去，然后与孩子单独交流。

我和孩子并排坐在床上，微微侧着身子，好让孩子能够看到我的目光。这时，我猛然发现，孩子大腿内侧全是一条一条红色的印迹。"这是什么？"我诧异地问小Y。这时，孩子爸爸敲门后进来告诉我说工厂很忙，要先走了。当时我不禁想小Y爸爸关注孩子的成长真的太少了，真有点像伪单亲家庭。

小Y爸爸走后，孩子告诉我说她腿上的痕迹是她妈妈用苍蝇拍打的。我看着心疼，但很坚定地告诉她："如果你是许老师的孩子，那许老师肯定会更加严厉地惩罚你，会让你的屁股开花！"孩子吃惊地朝我看着。

"小Y，今天许老师把小弟弟放在家里，专门到你家来家访，不是为了批评你，而是为了来帮助你，你知道吗？"我郑重地对孩子说。

"许老师当了二十多年的班主任，接触的孩子也有好几百个了。如你同样问题的孩子也接触了不少，我有信心在我的帮助下，你能够彻底改好这些坏毛病。关键是你一定要对我说实话，说真心话。你心里是怎么想的，就老实告诉我，知道吗？"孩子一听我是来帮助她的，双眼微微亮了一下，她郑重地点点头，说："好的。"

"许老师问你第一个问题：你知道拿别人东西不对吗？"

"知道。"

"第二个问题，你知道拿了别人的东西，你妈妈会严厉惩罚你的，对吗？"

"我知道的。"

"第三个问题，你知道拿了别人的东西，被别人发现后，别人会看不起你的，对吗？"

"我也知道的。"

"那你为什么还要拿别人的东西呢？是控制不住自己吗？"我问道。

"是的，看到我喜欢的东西，我控制不了自己。"孩子告诉我。

"那我问你，在学校三年，你从没有拿过别人的东西，那你是如何控制自己的呢？"我继续追问。

"在学校我能控制住自己，不拿别人东西。"她告诉我。

"是因为这些东西你都不喜欢，因此能够控制住自己。还是因为是在学校而

不敢拿？"我追问。

"因为同学的东西我都不怎么喜欢，我才控制住自己的！"孩子非常肯定地告诉我。这点我相信，她家的经济条件在我班是最好的。另外，班规有一条就是不许带玩具到学校，平时在学校没有诱惑物，小Y自然也不会下手了。

"噢！这样啊！那你拿别人东西的时候，是一看见觉得很喜欢就拿走了呢，还是犹豫挣扎了半天后才拿的。"我继续盘问道。

"我都是挣扎了好几天才拿的。我用了很多办法，但都没用。我曾经在手上写字——不要拿别人的东西，若拿了就打自己。甚至，我还打过自己耳光，但都没有用。"孩子皱着眉头，边比画边跟我说。在手掌心写字来提示自己这个方法是我平时在教育孩子挑战自我的时候，介绍学生使用的。

"那你想拿别人东西时，这段时间内心是如何挣扎的呢？能告诉我吗？"我问。

"这样东西总是浮现在我的脑海中，赶都赶不走，晚上睡觉也想着它。如果没有拿到，那其他什么事我都没心思去做。刚拿到东西时，我也很害怕，想还回去，但我又不敢去还。"三年级的孩子已经能够准确地描述自己的情绪波动了。

"哦！我明白了，小Y，目前依靠你自己的能力，克服不了这个坏毛病，许老师帮你出三个点子：当你产生这个念头的时候，马上告诉你妈妈，因为你妈妈是最爱你的人，让她来帮助你；或者告诉许老师，老师也会尽最大的努力来帮助你；你也可以把这个念头写在日记本上，倾吐出来，这样能帮助你缓解一下，好吗？"她边点头边说："好的。"

我走出小Y房间继续跟她妈妈交流，告诉她妈妈说："孩子的问题不是品质问题，而是心理问题，需要我们一起用心去帮助她。"我把刚才跟孩子交流的内容告诉了孩子妈妈，然后让小Y当着妈妈的面说，以后出现想拿别人东西的念头时，第一时间要告诉妈妈，寻求妈妈的帮助。她妈妈当着我的面也做了保证，以后孩子求助她的时候，一定不会去批评或者体罚她。

天色很晚了，我让孩子先去洗澡。孩子妈妈给我展示了小Y衣橱里各种各样好玩的东西，简直可以开一个百货店。"她喜欢的东西，你们都去满足她，这样做不行的，长此以往会诱发她不健康的心理。她看着好的东西，就会全部想拥有。"我对孩子妈妈说："我从来没有见过一个小女孩拥有这么多好玩的东西。"孩

子妈妈告诉我说很多玩具都是奶奶购买的。孩子爸爸从不管孩子，也很少陪孩子一起玩。孩子妈妈内心感到十分愧疚，因此尽可能在物质上满足孩子。

家访结束之前，我给孩子妈妈提了几条建议：

①3个月内不要带孩子去餐馆吃饭，在家也要吃得朴素一些。

②不要总去满足孩子的需求，要让孩子学会延迟满足。

③近半个月之内，尽量少去刺激她。

④培训中心的课程照样参加，孩子在美术方面有特长，不要因此而对她彻底失去信心。

⑤因为是心理问题，所以请家长做好准备，很有可能这不是最后一次。若我的心理辅导效果不大，那就需要再找专业的心理医生。

整整一年过去了，这孩子再也没有在外面拿别人的东西。她妈妈后来一直很感谢我的帮助。

沟通之道

（1）找到源头，对症下药。

其实，做班主任工作经常会遇到孩子喜欢拿别人的东西这样的事件。传统的处理方法一般都是批评孩子一番，循循善诱地教导一番，或者让孩子写一份保证书，确保以后不再犯类似的错误。很显然，这样做并没有抓住问题的要害。比如，上述案例中心理有问题的孩子，很难靠谈心就能解决问题。当我们运用传统的方法无法达到效果时，往往会误认为这个孩子朽木不可雕。

当班主任遇到诸如此类的问题时，首先要具体了解情况，思考这个孩子为什么会拿别人的东西？在上述案例中，我首先询问家长，孩子偷拿别人东西的情况已经出现过几次了，每次家长都是如何处理的？从家长的描述中我得知，孩子只对漂亮的东西感兴趣，哪怕自己拥有的东西，只要款式不一样，她也会去拿。紧接着我就要思考：为什么她在学校不拿别人的东西呢？是不是她对学校里的东西没有兴趣？还是有什么别的原因？

在与孩子正式交流之前，我首先告诉她，老师来家访是来帮助她的，而不

是来批评她的。这句话让她紧张的心理放松下来,也创造了"肯说、愿说"的氛围,可以消除她抵触的心理防线。通过交谈,我很快知道了每次在发生这种事情之前,孩子都有复杂的心理抗争过程。她自己也很痛苦,想改掉这个毛病,甚至采取了许多方法来让自己抵抗诱惑,但都不管用。孩子心里也很痛苦。

孩子爱拿别人漂亮的东西,这种倾向是在她妈妈不正确的教养方式(女儿要富养)的影响下形成的,即孩子想要什么就一定都要满足。长期以来导致孩子只要看到漂亮的东西、喜欢的东西就想拥有。因此,这是孩子犯错的真正源头。找到源头后,对症下药,就能把孩子的"毛病"治好。只要妈妈以后让孩子尽可能生活得朴素些,让孩子学会延迟满足,而不是立刻满足她所有的要求,平时多关注孩子的心理需求等,慢慢地,就会改掉孩子身上的毛病。

找源头的过程,需要老师不断地多想几个为什么:为什么这样做?为什么不那样做?通过观察孩子的行为表现、询问家长,不断地提出假设,预估这个孩子可能是什么问题。这就像医生一般,看到一位病人后先进行诊断,然后再判断是什么病。最后在做出判断时,要不断地从各个角度验证自己的结论,使之合乎逻辑,经得起推敲和质疑。

我曾遇到过一个家长向我反馈孩子喜欢拿她爸爸的钱的案例,同样我注意到孩子在学校并没有出现这种状况。那么这个孩子为什么要拿爸爸的钱?拿钱后做什么呢?我注意到,这个孩子只对钱感兴趣,对物基本不感兴趣。通过让这个孩子写说明书、谈心,以及与她妈妈细聊等方式,我明白了原来孩子拿钱是为了去"买"友谊。她的问题来自对人际交往的渴望,这是平时缺少朋友导致的。找到问题的根源后,通过与其父母进一步沟通,对症下药,就能从根本上解决问题。

(2)及时上门,把握时机。

当孩子遇到特殊情况,特别是家长向你寻求帮助的时候,班主任再忙也要抽时间去上门家访,与家长和孩子面对面地进行沟通。一般来说,家长不到束手无策的时候,是不会向班主任求助的。当孩子出现了家长控制不了的局面时,班主任一定要放下手中的事情,及时赶到孩子的家中去家访。家访时先与孩子打个招呼,稳定一下孩子的情绪,然后再与家长推心置腹地进行交流,弄明白事情的来龙去脉、发生的时间等。在倾听家长描述的时候,班主任同时要进行分析,找到问题的症结所在。最后要抱着一种同理心与孩子交流,告诉他老师是来帮助他解

决问题的，请他敞开心扉与老师交流。出现问题的孩子在心理上多孤独无助，都愿意听班主任的一些建议。

四、把握"偶遇"，适时交流

在生活中，我们经常在一些意想不到的场合与家长不期而遇，这其实是我们与家长进行沟通的良机。甚至有些时候，在放学的校门口，也可与家长拉拉家常，聊聊孩子的近况。这种偶遇式的交流，家长大多没有戒备心理，也不会显得拘谨，容易把最真实的一面显现出来，这样我们就能获得一些想象不到的却又十分重要的信息。

喜欢织毛衣的男孩

时常放学将班里的孩子送到门口时，还有少部分孩子家长还没来接，于是我带着孩子在校门口等待。而一些孩子因放学后在教室搞卫生还没下来，等待的爸爸、妈妈或奶奶站在一边，我常常会与他们聊聊天，说说孩子的近况。

小C是个聪明可爱的孩子，但因生活在单亲家庭，从小没有爸爸的陪伴，缺少了一点阳刚之气。有一次，我看到他拿着一根针在学着女孩子织毛衣。有一天，他奶奶看孙子还没下来，赶紧问我："许老师，我家小C怎么还没下来？是不是表现不乖被留校了？"他奶奶一脸担心的神情，我赶紧说："没有！你家小C很乖的，学习成绩又好，各方面能力都很强，很讨老师们喜欢，今天正在教室帮助打扫卫生。"听我这么一说，小C奶奶脸上立刻堆满了笑容，客气地说道："谢谢老师！这孩子在家不听话，有点不乖！""这个宝贝在家织过毛衣吗？"我问奶奶。奶奶说不知道，没看见过。我对奶奶说："他在学校看见女孩子在织毛衣，也跟着一起织。男孩子要多干些男孩子干的事情，以后记得提醒您家大孙子哦！"我与奶奶边开玩笑边说。"知道了！知道了！谢谢许老师对我家小C的关心……"

在校门口或者超市里遇见家长时，可以抓住机会聊几句，家长会觉得班主任很有亲和力，也很喜欢这样接地气的班主任，进一步增进双方的感情。

第六章　邀请进班，心满意足

我们常常看到这样一种现象：部分教师因为学生行为不良或学习态度不端正而抱怨学生的父母，同样，有不少父母也因为孩子的学业和行为问题而抱怨老师。教师和家长之间的抱怨情绪只会阻碍和谐家校关系的发展。如果教师在工作中能够广开渠道、广搭平台，促进家校沟通，那么这样做不仅能够增进相互了解，消除误会，而且能促进学校教学的良性发展，提高人民对学校教育的满意度。

北京师范大学教授卢咏莉说，一位优秀的教师一定是一位善于利用资源的教师。每一位家长都是一笔宝贵的财富。班主任若能广开渠道，广搭平台，邀请不同行业、不同职业、不同兴趣爱好的家长走上讲台，从不同的角度为孩子们设计生动的拓展性课程，不仅可以提高家长的积极性、参与度，发挥家长优势教育资源的积极效应，而且可以拓宽孩子们的视野，有利于孩子们更全面地发展。有效和谐的家校合作，是实现家校协同共育的基础。

一、家长参与班级活动

一位家长对班级了解得越多，班级活动参与得越多，他就越是对这个班级充满感情，越是会重视和关注自己的孩子。我经常邀请一些家长来到班级参与班级活动，具体做法是这样的。

1. 发邀请书，郑重邀约

发邀请书是一门艺术，我并没有采取让孩子捎口信或者打电话通知这种方式，而是给家长递上特制的邀请书——邀请书的措辞和装帧等都是我精心设计的。

> **邀　请　书**
>
> ××家长：
>
> 　　在您的支持和鼓励下，您的孩子在本学期表现出色，进步很快。本次特邀您来我班参加"欢庆圣诞，迎接新年"的大联欢活动。届时请作为家长代表发言（要说出孩子至少五个优点）。活动时间为明天 13:30。
>
> 　　请您安排好公务，准时参加。谢谢！
>
> 　　　　　　　　　　　　　　　　　　　　　　班主任：许丹红
>
> 　　　　　　　　　　　　　　　　　　　　　　　　×月×日

　　每个孩子都寄托着父母的希望，无论父母的文化程度高低，他们爱孩子的心都是一样的。收到班主任真诚的邀请书，哪位家长不愿意来呢？班上许多学生的家长都在私企工作，有的会因为私事请假扣钱，但即便如此，家长都应邀前来参加。

2. 参与班级活动

　　通过发邀请书的形式，让家长来参加班级活动主要有以下形式。比如，开运动会时，邀请家长来参加亲子运动会；"三八"妇女节，邀请孩子的妈妈来参加班级大联欢，妈妈和孩子可以结伴进行亲子表演；迎新年时，邀请家长来观看孩子们自编自导的节目，并让一些进步很大的孩子的家长说说孩子最近在家的表现。

　　在带红日班时，有几位孩子的妈妈在讲台上讲着讲着，竟情不自禁地流出了眼泪。因为他们的孩子来自农村小学，父母听到的都是老师对孩子的负面评价。家长原本看不到孩子一点进步，因此几乎对孩子失去了信心。而这次因为孩子的进步而被邀请进课堂，与其他家长一同交流，此刻，家长的心情是激动的，也格外感到幸福。从家长对我的感谢中，从家长的眼神中，我能够感受到这类活动的意义和价值。哀莫大于心死，许多时候，家长看似对孩子的学习情况漠不关心，实则，他是对孩子提不起信心。

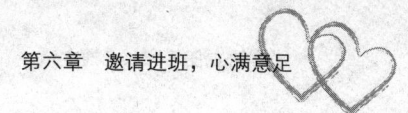

"欢庆圣诞，迎接新年"大联欢

圣诞节，给了我们一次狂欢的机会。去年我们把教室装扮一新，带给孩子们的愉悦还历历在目。转眼，今年的圣诞又到了。

我把去年装扮教室的各种饰品拿出来，让孩子们布置教室，顿时班级里有了浓浓的新年气氛。尽管已到了紧张的复习阶段，但为了丰富孩子们的学校生活，调动家长们参与班级生活的积极性，我颇花费了一番心思。

首先，我让孩子们以《××同学进步快》为名写日记。群众的眼睛是雪亮的，根据孩子们日记的内容，我选出了十位本学期进步最快的孩子，依次为田家福、马洪佳、陈华、刘思依、戴朱瑛、史寅良、王利超、刘学超、石振涛和戴坚强。这十个孩子里面，除了朱瑛、学超和利超一直都不用老师操心之外，其余孩子都是"麻辣烫式"的问题学生。一直以来，他们的家长听到的都是关于孩子的负面消息，为此而备受困扰。为什么不趁着孩子取得进步的同时，让这些孩子的家长也体会孩子进步的愉悦呢？如此，家长也会进一步支持和配合老师，对孩子更是一种激励。这不是一举两得的事情吗？

于是我花了很多心思，从撰文到设计，精心制作了一份邀请书。当我把喜气洋洋的邀请书一一发到孩子的手里时，孩子们一个个开心极了。

然后，我让孩子们以小组为单位，编排精彩的节目，每个小组都要准备一个节目。学校合唱团的四位男生分别独唱一曲，这样加起来一共11个节目，有情景小品、魔术表演、诗朗诵、歌伴舞……真是丰富多彩。这次活动由学超、媛媛主持。孩子们利用双休日，约好地点，认真地进行排练。我事先叮嘱他们，一定要注意安全。

原定每个小组要买一个蛋糕，因学校合唱团的四个孩子要去彩排，故取消了买蛋糕的事宜，这给本次活动留下了一个小小的遗憾。

那天正好是周二，下午第一节课和第二节课全是我的课，加上音乐老师要带学生出去彩排，无法上音乐课，这样一连三节课都可以由我来安排，时间非常充裕。第一节课一下课，我便拿起粉笔在黑板上写下了"欢庆圣诞，迎接新年"八

个大字。看到个别家长已经到校,我便急着去走廊上打招呼,一激动竟然忘记给"诞"字写"讠"字旁。最要命的是以往火眼金睛般的孩子们,也激动得一反常态,居然没有指正我,给本次活动留下了一大笑话。"有遗憾,有笑话,才是真实的生活,这也给我们下次的完美无缺留下了空间。"我笑着对孩子们说。

这次活动共来了六位家长,个别家长因无法请假,没有来参加。到场的家长一字儿坐在后排,兴致勃勃地观看孩子们的表演。我则拿起了相机,不停地为孩子们拍照。

在学超、媛媛优美的主持声中,本次联欢活动正式开始。从第一组的男声小合唱、利超的魔术表演到田家福等学生的孝敬故事表演,让人叹为观止:孩子们的创造力是无限的,给他们一个舞台,他们就会给我们许多惊喜。我从没想到班上的孩子如此有灵气。家长们端坐在后面,专心致志地观看着,不时互相说几句,或鼓掌或微笑,全都沉浸在精彩的节目中。

这次活动给人印象最深的是利超同学的魔术表演。他不费吹灰之力,将一副打乱了的扑克牌全都整理成从 A 到 K 的牌。他那搞笑的表情、不慌不忙的架势,让人完全想不起以前那个不自信、动不动就流眼泪的利超。以特长为切入点,放大孩子的优点,以此建立孩子的自信。倘若利超五年级时没有进入学校体训队,没有在运动会上获得冠军,估计也不会有今天的意气飞扬。

伊凡率领的第四小组表演了歌伴舞《菊花台》,也给大家留下了美好的印象。伊凡抱着吉他为歌曲伴奏,丽燕、冬丽伴舞,最好玩的是,胖乎乎的施煜韬也在其中舞来舞去。吉他的声音幽幽地响着,两位小姑娘一会儿劈一字腿,一会儿翻筋斗,各种高难度动作赢得了现场一阵阵喝彩。

最后由家长上场发言。我首先邀请振涛妈妈上台,她可是有备而来,不慌不忙地从兜里拿出一张纸,朗读起来,她说自己的孩子有了脱胎换骨的变化,因此感到很开心。紧接着家福妈妈上台,用她那山东普通话表达着对老师的感激,对孩子的鼓励。陈华爸爸坐在座位上不肯发言。在我的鼓励下,终于起身上台讲了几句。他说:"非常高兴看到陈华的进步,非常感谢许老师的教导。"洪佳爸爸、思依妈妈、寅良爸爸这几位家长,虽然文化程度不高,但他们都用朴实的语言,表达了内心的想法。

最后,全班孩子为家长们献上了一首《感恩的心》。我看到家福妈妈、振涛

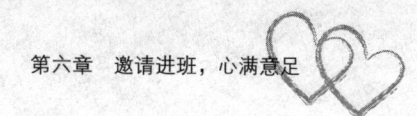

第六章 邀请进班，心满意足

妈妈的眼睛里含着晶莹的泪珠。是啊，有什么比看到孩子的进步更让家长感到开心的呢？

联欢活动结束后，晓艳在文章中写道："看到同学的家长来参加我们的'欢庆圣诞，迎接新年'联欢活动，我心里特别羡慕。如果我妈妈也能被邀请来参加，那该有多好啊。"她的话语道出了大部分孩子的心声。

教师要用自己的智慧去赏识孩子，去激励孩子，想方设法调动家长的积极性，拉近孩子、家长和老师之间的距离。这样想来，教育充满了美好的诗意……

沟通之道

（1）邀请进班，讲究艺术。

我常常把邀请家长来参加班级活动当作一种契机，当作一种鼓励的方式。我经常采用写生活作文——"××进步大"或"××，我要向你学习"的方式，按照得票数的高低，选出班里的进步学生，然后邀请他们的家长来班级参加活动，之前会郑重地给家长发邀请书。被邀请的家长因为孩子取得进步，来到学校参加班级活动，会觉得分外光荣。其实，无论家长文化程度的高低，爱孩子的心都是一样的，为了孩子的成长，他们都十分乐意参加班级活动。

（2）双向互动，为情所感。

除了邀请家长来观看孩子们精心准备的表演之外，我还经常让家长准备发言，说说最近孩子在家有了哪些变化或者对孩子有什么寄语。在台下聆听的孩子如果对进步很大的同学感兴趣，也可以向发言的家长进行提问，与被邀请的家长进行互动。比如，可以问问小伙伴回家做作业的情况、学才艺的时间等……被邀请的家长经常会被孩子们的热情感染，也会对班级更有热情，从而更重视对自己孩子的教导。

二、协助管理班级活动

当有班级集体活动或校级集体活动时，邀请一部分孩子的家长来到活动现场，协助管理，也是十分重要的一种家校沟通方式。

制订科学、翔实的活动方案是活动成功的重要前提。为了让全体家长带领孩子更有效地参与活动，班主任要和家委会成员协商，尽量在活动前两周把方案下发到各位家长的手中。班主任应随活动方案附上一些要求，提醒家长在活动前要和孩子一起做好相关准备，比如，提前了解活动地点的地理位置、植被特色、风土民情等，明确班级亲子郊游的程序，积极准备活动中的各项集体活动项目。

方案下发后，班主任应鼓励家长对方案提出建议，让所有人都参与到活动的设计与准备中来，这样家长不仅不会感到麻烦，而且会有一种被接纳、被需要的感觉，与教师之间的关系也更加密切了，参与热情自然就提高了。

例如，在学校组织的爱心义卖中，我特别邀请了班级的五位爸爸来到活动现场，协助班主任进行爱心义卖。小H爸爸不仅主动买来了许多夹子，和几位爸爸一起精心布置义卖现场，而且还拿起孩子们的字画高声叫卖……在他的带动下，几位爸爸也积极张罗着，整个义卖氛围很好。爸爸们的参与为那次爱心义卖活动增光添彩。

另外，带孩子远足或去公园游玩、去工厂参观时，也可以邀请一部分家长协助管理，参与活动。这样做既可以减轻老师的工作压力，又可以调动家长们的积极性，让他们来到孩子们中间，一起来见证孩子们的成长。

参观徐志摩故居

在学习"诗歌单元"时，我重点介绍了一位才华横溢的诗人——徐志摩，他是嘉兴海宁人，我讲了他的生平、他的才华，带领孩子们细细品读了他的代表作《再别康桥》。"轻轻地，我走了，正如我轻轻地来，我挥一挥衣袖，不带走一片云彩！"何等的诗意，何等的洒脱。

学习完徐志摩的诗歌后，孩子们对去海宁参观徐志摩故居期待极了。我与家谊会会长楚涵妈妈联系，看看能否利用双休日时间开展一次亲子活动——去海宁参观徐志摩故居，顺便可以登西山。楚涵妈妈一口答应，并说马上与海宁的同学联系，确定情况后再与我沟通。

晚上，她在微信中给我留言，告诉我西山正在修葺中，暂时不对外开放，可

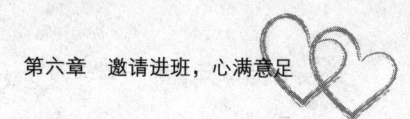

第六章 邀请进班，心满意足

以参观徐志摩故居和海宁博物馆。

确定好地点后，我们将时间初步定为 11 月 23 日。海宁距我们所在的地方也就 1 小时不到的车程，因此我们将此次出游方式定为自驾＋拼车。楚涵妈妈说，她将尽快拿出活动方案，在 QQ 群中公布。

过了不到两天，身为幼儿教师的楚涵妈妈就把《长河中队假日亲子实践活动方案》发给了我，让我看看哪些地方需要调整。我看过这个方案后喜出望外，楚涵妈妈真是太能干了，想得都非常周到。我告诉她方案制订得非常好。于是她把方案上传至 QQ 群中，让大家提意见，进一步调整并修改一些地方。大家都说没有建议，认为楚涵妈妈想得很周到。

接下来，以楚涵妈妈为首的家谊会团队开始接受家长的报名。楚涵妈妈负责全面的统筹，天昊妈妈负责制作标语，可欣妈妈负责财务，青澄妈妈负责签到事宜，梓昕妈妈负责拼车事宜，一切安排得井井有条。

最终有 23 个家庭自愿报名，大家拼车前往目的地。活动即将开始的前几天，楚涵妈妈一直在微信群中发温馨提示，告诉大家要注意的事项，要注重团队精神等。

那天，正好赶上我儿子参加围棋比赛，他爸爸临时有事脱不开身，我只有放弃跟大家一起参观徐志摩故居和海宁博物馆的计划。我内心原本有些忐忑不安，担心我不在场，孩子们是否会失控；担心整个活动的安全问题。事后证明，我的担心是多余的。家谊会成员事先做了充分的准备，家长们在微信中随时进行现场报道，不时发送参观博物馆和徐志摩故居的照片过来，还有孩子们和家长们的亲密合影。没有时间参加活动的家长看后都表示十分遗憾，纷纷说，下次楚涵妈妈组织活动，一定要参加。家谊会成员也从这次活动中得出经验，自驾并不是理想的出行方式，容易产生停车难、浪费资源等问题。

由于家谊会成员们的细心准备，这次亲子实践活动给孩子们留下了美好的回忆。

🐦 沟通之道

（1）反复沟通，充分做好准备工作。

每一次活动，尤其是亲子实践活动，一定要有全面负责整个活动的领头羊。

在活动的前期要做好功课，查找各种资料，仔细做好攻略，必要的话还可以进行实地调查。我们班楚涵妈妈制订的《长河中队假日亲子实践活动方案》从活动目标、活动时间到参与人员、温馨提示，甚至连"免责声明"都考虑到了。能看得出，楚涵妈妈事先花了许多精力来做这件事情，期间，又不断地跟我进行沟通与交流。我说得最多的两句话就是："你辛苦了！你真能干！"当然，对一些活动细节，我也做了指点。

（2）提醒参加活动的家长，互相体谅。

组织活动的家长是最辛苦的。想得再周到，再完美，也总归会有一些遗憾。因此每次家长协助组织活动，我都会在微信中对所有的家长们说："组织活动的家长花费了很多心血，也最辛苦。如果有任何疏漏不周的地方，请我们的家长务必不要责怪。"每次家谊会组织活动，班级再难缠的家长，也都会理解并体谅家谊会成员付出的努力。活动结束后，所有的家长都会向组织这次活动的家长表示感谢。

三、家长进课堂

班级里的每位家长都有自己的社会职业、自身专长等，每位家长的生活阅历也无比的丰富。如果能充分利用学生身边最宝贵的资源，那么就是对学校教育的有效补充。为更好地发挥优秀家长的作用，实现家校共育的目的，班主任要设法激发家长的参与热情，或让家长走进课堂，走上讲台，或让家长带领学生参观，进行社会实践等。"家长进课堂"等活动形式不仅能为孩子们提供丰富的教育资源，而且也让家长和教师之间有了更多沟通的机会。

1. 了解家长的擅长之处

教师首先可以针对每位家长的职业、擅长之处进行调查，充分利用家长资源，也可以鼓励学生利用亲戚、朋友、邻居等人际关系，将一些专家、知识分子、具有一技之长的人请进班级，拓展课程资源，丰富活动形式。但是，家长毕竟不是专业的授课教师，即便知识储备很丰富，他们在确立授课内容和授课形式时，也会出现不知从何处入手的情况。因此，教师可以列举不同的课程类型和课程形式，帮助家长拓展思路。

一般而言，家长的授课可以分为以下几种类型。

①经验分享类：比如我的创业路、成功路上无捷径、我的求职生涯等。

②兴趣特长类：结合自身的兴趣爱好以及特长等方面，向学生介绍摄影、书法、绘画等方面的知识。

③生活常识类：包括运动常识、卫生常识、自我保护小知识、营养与健康、交通知识、待客礼仪等。

④实践技能类：培养学生在日常生活中的动手实践能力，引导学生共同参与。比如，可以将爱心厨房搬进课堂，教孩子们做营养健康的美食，倡导低碳环保的生活方式，杜绝垃圾食品。还可以共同参与剪纸、种花、下棋、乐器演奏等活动。

⑤活动体验类：包括体育游戏、智力游戏等，可以采取室内模拟课或者室外操练课等方式。

2. 准备工作要做到位

家长进课堂活动每学期可以组织一到两次，不宜过多。在学期一开始，可以根据家长的报名情况，落实上课的时间，注意家长授课活动前后的准备工作要做到位。

①家长进课堂前，班主任要和家长进行沟通，指导家长做好讲座或活动的内容。

②家长进课堂开始的当天，班主任要组织学生整理好教室或会议室，保持黑板干净，讲桌上的物品摆放整齐，无杂物；在黑板上板书课题或使用投影仪出示课题或欢迎词；向全体学生做好情感渲染，营造良好的氛围。

③每次活动都可以安排一位同学做主持人，举行一个简短的欢迎仪式。

④活动过程中，确保摄影人员按时到位，保证拍摄照片的质量。照片可以附文字说明，按照班级名称建立文件夹。

⑤家长在授课期间，教师要随堂听课，及时协助处理一些紧急事件。

⑥活动结束后，班主任要做好总结，加深孩子们对家长所讲课程的认识。

⑦班主任要在家长QQ群或者班级博客上发布活动开展的情况，可以采用图

文播报的形式,感谢每位家长的参与,对活动做一次全面的总结,让所有家长都了解到活动的意义。

迄今为止,我班家长进课堂涉及的主题包括:科学实验面面观、食品安全问题、儿童理财、儿童写作、怎样爱牙、儿童礼仪……每一位家长都精心准备,用心制作课件,有的家长甚至带来了道具、奖品。每一次家长来上课,孩子们都翘首期盼,收获满满。多元的家长课程拓展了孩子们的视野,使他们学到了许多课堂上学不到的东西,这种活动形式受到家长和孩子们的一致好评。

四、家校互动日

我在带诗翔班时,曾开设过每周一次的"家校互动日"。具体做法是,每周邀请2～4位家长来到班级,讲讲孩子在家的表现,与班级的孩子进行互动。家校互动日这种新颖的形式受到很多家长的肯定,有的家长为了准时来到学校,提前向工作单位请假;有的家长想起自己在教育孩子的过程中犯下的错,当着全班孩子的面给孩子道歉,甚至流下了眼泪。

记得有一次小烨妈妈站在台上讲述,她说自己有一天下班回来已经晚上八点了,她看到女儿还在背《燕子》这篇课文。她在边上听了半小时,听听都会背了,可孩子还是背不出来。她一下子特别生气,狠狠地骂了女儿一顿……当她回想起这件事情的时候,心中充满了内疚和惭愧。那天,当着全班同学的面,这位妈妈流着眼泪向自己的孩子道歉。而小烨在下面已经哭成了泪人儿。这件事给我留下了深刻的印象。

在家长吐露心声的那一刻,家长、孩子和老师的心灵是如此的相通,教育的美丽在此时展现无遗。

五、大手拉小手的表彰活动

许多时候,家长的心是被焐热的。教师要想尽一切办法,调动家长的积极性,让他们充满希望,充满信心,进而努力教导好自己的孩子。

在带红苹果班时,我每学期都会开展一次表彰会,邀请班上四位优秀学生的

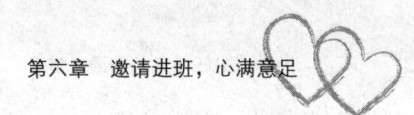

家长和四位进步学生的家长来到班级,让孩子亲手给家长戴上光荣花,此刻的家长心情都非常激动……请看下面的案例。

大手拉小手——九月表彰会

秋雨绵绵,今天是九月的最后一天,也是我们红苹果班的表彰会。

经过层层推荐、评选,被评为九月份优秀学生的家长,以及被评为九月份进步学生的家长届时将走进我们红苹果班,与孩子们一起共享进步的喜悦。

在我们的期盼中,家长们纷纷来到了我们班。孩子们坐在自己的座位上,如小麻雀一般,又激动又兴奋。

首先上台的是孙笑叶爸爸。孙笑叶爸爸有备而来,他一共列出了孩子的十大优点,比如,每天准时起床;晚上不看电视;喜欢看课外书;重视安全……孙笑叶的一些行为习惯甚至比她的爸爸妈妈都要好。孙笑叶爸爸说,最近孩子迷上了看中国地图和世界地图,每天都要花时间研究一番……

我细细地端详着这个平素文静的小姑娘,只见她不时咧开嘴,笑嘻嘻地看着我,那份甜蜜和喜悦无以言表。什么样的家长教出什么样的孩子,从每天家校联系本上的留言就可以看出,孙笑叶的家长都十分优秀。有时甚至会用诗歌的形式,写孩子在家的表现,文采斐然,让看的人都动容。

接下来由倪慧洁妈妈上台介绍。这位漂亮的妈妈一站到讲台上,就有一种强大的气场。她声音响亮,落落大方。这不禁让我想到慧洁每次站在台上的那份从容和自在。

倪慧洁妈妈说的一件事情打动了我。她说孩子因为从小体质不好,吃了不少药。一年级时,慧洁几乎很少运动。现在,在我的积极倡导下,每天晚上能坚持锻炼身体。为了能在运动会上取得好成绩,在孩子的要求下,妈妈特意给她买了两个重达六斤的沙包(我曾对校运动队的孩子们说,可以去买一个沙包来辅助锻炼,真没想到,这孩子回家后就让她妈妈买来了)。第一回绑着沙包训练,她跑了不到二十分钟,就喘着粗气坐在了椅子上,几乎哭着对她妈妈说受不了了。妈

妈看着心疼，就对她说："那我们就不用绑着沙袋锻炼了。"可是，孩子休息了一会儿后，还是勇敢地对她妈妈说："让我继续训练吧！"

听着倪慧洁妈妈的讲述，我真的特别感动。画画、手工、美术、作文，这个孩子都是做一样像一样，甚至连最不擅长的体育，她都能以巨大的决心和毅力去挑战。这可是一位只有9岁的孩子啊！什么困难能难倒这样一个高智商和高情商的孩子呢？我为慧洁热烈鼓掌。

陈萧萧爸爸上来了。他的声音不太大，第一回上台，总会有些紧张。他讲到为培养孩子良好的习惯，家长做出了巨大的努力和牺牲。台下的家长听了也为之动容。

张杭宇爸爸说自己不擅长演讲。这位安徽男人为了儿子的成长，做出了巨大的牺牲——不仅放弃了看电视，几乎放弃了做生意。一年下来，孩子由原先的顽皮不堪变得能安静下来了。这都是因为家长的重视，孩子才更加遵守纪律，写字速度也上去了，学习也更有信心了。事实证明静能生慧，上学期期末考试一举夺得我班语文、数学状元，让人刮目相看。这中间的酸甜苦辣也只有家人才能体会得到。遗憾的是，由于张杭宇爸爸不会说，所以没有发言。不过没关系，孩子已经用他的行动证明了自己的优秀。

接下来由四位优秀学生为他们的家长戴上大红花。下面观看的孩子情绪激昂，四位孩子和家长也感到十分喜悦。

"进步学生"家长亮相的时刻到了——

沈俊彦妈妈第一个站在台上，边讲边笑，可能以前没有上台演讲的经验。后来有些讲不下去了，我连忙帮她解围："这孩子一年级时，总会找各种理由不做家庭作业。家长逼着做，他……自从这学期当上数学课代表，他对读书也多了几分热情，也能够认真地完成家庭作业了。他的进步，爸爸妈妈都看见了，老师也看见了，同学也看见了。我们一起为他欢呼。"

接下来由校晴妈妈上台演讲。每位妈妈都是最了解孩子的人，校晴妈妈谈到了孩子的吵闹和不听话。可就是这么一个孩子，进入二年级之后，各方面都有了很大的进步，比原来变得更加勤奋、更加自信了。这份进步的喜悦是无法用金钱来衡量的。

成俊爸爸站在台上对自己孩子说："赵成俊，今天老爸为了庆祝你的进步，特

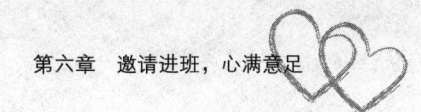

意请了半天假。"是呀,这位帅气的爸爸为了孩子的发展,为了孩子能有一个良好的成长环境,今年暑假特地把家从杂乱的地方搬到一个氛围比较好的小区。正是因为爸爸下了如此大的决心,孩子才有了翻天覆地的变化。

应双爸爸也说没有准备,不愿意上台讲。应双这个孩子也比原来安静多了,课上也不扰乱课堂秩序了,家庭作业的质量也高了……

最后,我请四位"进步学生"为家长送上小红花。虽然请美术老师制作的小红花有点小,但这小小的红花凝聚着家长为孩子付出的所有汗水。

送路队时,我让戴红花的家长牵着自己孩子的手,走在队伍的最前面。只见我们的家长和孩子都昂首挺胸,大踏步地朝前走着……

第七章　亲子活动，振奋人心

家校合作是为了让孩子得到来自教师和家长的关怀，让教育给孩子带来欢乐，让孩子健康地成长。由于家庭的千差万别，家长对子女的教育理念也各不相同，所以学校还应担负起协调各个家庭，指导家长开展亲子活动的职责。通过具体实施活动，家长和教师之间的关系会更加密切，这有利于促进相互理解和彼此的接纳。

班主任指导家长开展亲子活动，目的是为了搭建一个平台，以便与家长就家庭教育中的共性问题或突出的问题进行交流。在交流的过程中，教师要秉持互相学习、互相促进的理念和家长进行沟通，这样，彼此才能在交流与分享中使教育观念得到融合，思想得到碰撞，从而引起情感上的共鸣，最终让我们的教育对象——孩子受益。

具体来说，亲子活动的形式多种多样，在同一个班级内、在一定时期内的亲子活动可以前后呼应，这样便于教师与家长之间的交流，也便于家长与家长之间的沟通。本章主要介绍10岁成长礼、男生节、女生节、小红军亲子体验、毕业庆典等活动。

一、10岁成长礼

在中国民间，孩子过10岁生日时，家中都有操办酒席、亲朋好友齐来祝贺的习俗。我所带的红苹果班的孩子来自五湖四海，家长们纷纷反馈，老家都为孩子10岁生日大办酒席，一起庆祝的成长礼。

的确，10岁，是第一个满十的年龄；10岁，孩子已脱去幼稚和懵懂；10岁，孩子已开始慢慢进入青春期，值得爸爸妈妈一起来庆祝孩子的成长。全国很多省市的学校都会在孩子10岁的时候，举办校级的庆典成长仪式。那么，在班级组织一次10岁成长礼，邀请孩子的爸爸妈妈都来参加，大家汇聚一堂庆祝孩子的成长，不是一次非常有意义的亲子活动吗？

1. 邀请父母，精心策划，选好主持人

10岁成长礼，邀请爸爸妈妈一起来庆祝孩子的成长。班主任可以用代表喜庆的红色纸制作邀请书，郑重邀约班上孩子的父母一起来参加。

这样隆重的典礼必须要有出色的主持人。班主任可以结合孩子们平时的表现，确定好一男一女两位主持人。再邀请这两个孩子的爸爸、妈妈参与，帮助两位主持人写主持词，提前进行排练等。班主任要与两位主持人的家庭积极沟通，做好前期的准备工作，如安排流程、确定节目、写主持稿……因为有了班主任的信任，家长也会配合做好这项工作。

2. 全员参与，重点帮扶，让每一个孩子都上台展示才华

10岁成长礼需要全员参与，需要让每一个孩子都有展示自己的机会，而不是只让一部分有才艺或成绩好的孩子进行展示。不必担心有的孩子表演不行或者表演的节目拿不出手。班主任可以将班上表现欲不强、不怎么敢上台展示才华的孩子组织起来，帮助他们精心排练节目——一次声情并茂的诗朗诵、一首婉转动听的歌曲。只要班主任愿意花时间精心辅导孩子们，无论他们表演什么节目都是有意义的。此外也可以邀请有才气的爸爸或妈妈来指点排练。相信每一位爸爸妈妈看到自己孩子的表演，都会露出欣慰的笑容。

3. 开展护蛋行动，让孩子体会家长的艰辛

在10岁成长礼活动开始前两周，为了让孩子们感受到爸爸妈妈养育他们的艰辛，我组织班上的同学进行为期三天的护蛋行动。为了避免鸡蛋不小心打破后弄脏书包或抽屉，可以让孩子拿一个煮熟的鸡蛋。无论外出活动还是上课、回家都必须把鸡蛋带在身边，保护好它。通过写"护蛋日记"和"护蛋习作"，让孩子们在无痕的教育中，感受照顾一个孩子是多么的不容易，从而懂得感恩家长的付出。

4. 交换信件，亲子沟通，打足亲情这张牌

通过护蛋行动，孩子们明白了爸爸妈妈养育他们的艰辛。接下来趁热打铁，让

他们为爸爸妈妈写一封信,与爸爸妈妈分享自己"护蛋"体验后的心情,感谢爸爸妈妈 10 年来含辛茹苦的抚养。同时在校信通、QQ 群中,呼吁所有前来参加活动的爸爸妈妈都要为自己的孩子写一封信,表达他们对孩子的爱。在成长礼活动中可以互相交换信件、大声表白,在浓浓的亲情中,让 10 岁成长礼变得既幸福又难忘。

5. 出其不意,四大篇章串联成浓密的亲子之情

本次活动共分为四大部分,活动一开始,全班诗朗诵《我们 10 岁了》,拉开成长礼庆典的帷幕。在"祝福篇"中,孩子们接受了来自班主任、家长、任课老师代表的祝福。在"成长篇"中,每一个孩子或者单独表演节目,或者以集体的形式亮相,表演大合唱、诗朗诵、课本剧、歌舞等节目。在"感恩篇"中,为"护蛋"成功的同学颁发奖品与奖状,并请"护蛋能手"谈谈自己的收获与感想。所有孩子在与家长们互读信件、大声表白、互相拥抱的环节中,诉说着心声,会场洋溢着浓浓的亲情。在"未来篇"中,全班孩子在生日歌曲中缓缓登台,唱生日歌、许愿、吹蜡烛、吃蛋糕,全场气氛被推向了高潮。最后,活动在班主任深情的祝福声,以及大家的欢声笑语中落下了帷幕。

10 岁成长礼

红苹果班上有一位来自河南的孩子小 L,他的后脖上有一根细长的胎毛辫子,看上去那么与众不同。一次偶然的机会,我与他爸爸沟通,孩子爸爸告诉我,孩子从生下来就留着这根辫子,是不能随便剪的,等 10 岁回老家大办宴席,请亲戚朋友一起庆贺生日之后,才能剪掉。哇!10 岁生日有这么隆重吗?与来自五湖四海的家长朋友沟通之后我才明白,许多地方都把孩子的 10 岁生日看得异常重要,都要大办酒席。

是呀,10 岁,意味着人生即将迈入一个新的阶段。10 岁生日是学生成长轨迹中的重要标记,因为它具有里程碑式的意义。于是,我决定在红苹果班为全体孩子举办一次 10 岁生日集体庆典,邀请家长齐来祝贺。

具体如何开展呢？我连忙召集家谊会成员，一起商量讨论10岁成长礼的细节。在家谊会会长小煜妈妈的组织下，家委员六位成员在一起召开了一次筹备会议，初步确定举办10岁成长礼的时间为五一劳动节前夕，地点就在学校的大会议室。然后大家就有关事项做了分工，其中包括订生日蛋糕、拍照、会务、化妆、经费等事项。

确定下来后，我跟全班孩子说了要过10岁集体生日这一好消息，孩子们一个个都高兴极了。我对他们说："10岁成长礼上，你们的爸爸妈妈都会来为你们庆祝。我们要好好准备一下，每一位孩子都要上台表演节目。"有的孩子露出了激动、兴奋的表情，有一些胆怯的孩子则有些羞涩与不安。我告诉孩子们："可以自由组合表演节目，也可以单独表演。如果实在想不出表演什么或不会表演，许老师会帮助你们的，不用担心。"

两天后班上学生开始报名表演节目，有拉丁舞、三句半、歌伴舞……形式多样，节目丰富。但是，鑫鑫、晴晴、艺艺等八个孩子说不会表演，想不出表演什么好。这几个孩子确实没什么才艺，于是我让有音乐细胞的嘉嘉、炜炜，和之前的八个孩子组成了一个小组，指导他们进行诗朗诵表演。只要有空闲时间，我就在会议室里指导这几个孩子表演节目。一开始他们朗诵起来都比较生硬，后来慢慢地越来越放松了。

节目基本确定下来之后，下一步就要推选节目主持人了。选谁来做呢？小豪、小笑和小青被大家集体选中。再加上他们的爸爸或妈妈，三个家庭负责整个主持的任务。家长们也都纷纷答应下来，我让小笑的爸爸总负责，他爽快地答应了下来。

为了让孩子能更深刻地体会父母养育他们的艰辛，我让孩子们在生日庆典前开展"护蛋"活动。孩子们小心翼翼地拿着已煮熟的鸡蛋，呵护着它们，不让他们有一点点破损。当鸡蛋不小心碎了时，他们便难过得流下了眼泪。从护蛋行动中，孩子们纷纷感受到做父母的不容易。我趁热打铁，让孩子们给爸爸妈妈写一封感恩的信，以备在生日庆典时读给家长们听。

全部准备工作都做好后，我给全体家长发校信通，邀请家长前来参加孩子的10岁成长礼，并请家长给自己的孩子写一封信，信中表达对孩子的欣赏、鼓励、祝贺以及希望。

我邀请副班主任庄老师作为教师代表发言。庄老师本以为不会有家长来参加孩子的10岁成长礼。我胸有成竹地告诉庄老师："来！家长们肯定来！每个孩子都要表演节目，家长能不来吗？孩子回家肯定会隆重邀请父母的。"

在全班学生热烈的期盼中，这一天终于来到了。晚上五点半，家长义工们已早早来到学校，帮孩子们化妆，分发糖果、水等。孩子们穿上了表演服装后，心情分外激动。有的家庭不仅爸爸、妈妈们来了，连弟弟、妹妹、堂哥、表姐都一起来了，整个会议室近两百个位置，几乎都坐满了。

在全班诗朗诵《我们10岁了》中，拉开了本次活动的帷幕。在"祝福篇"中，孩子们接受了来自班主任、家长、任课老师代表的祝福。在"成长篇"中，每一个孩子都展示了他们精心准备的节目，其中有诙谐幽默的小品表演《拐骗》、有结合本班实际情况的快板表演《我爱我班》、有用锅碗瓢盆作为打击乐器表演的三句半《做四好少年》、有惟妙惟肖的歌伴舞《虫儿飞》、有深情款款的诗朗诵《我的中国心》、有热情奔放的拉丁舞表演《恰恰组合》、有家庭组合表演《乡间小路》……这些节目都是孩子们自编自导的，且秉承一个原则：每一个孩子都是庆典的主人，都有上台表演的机会……

本次庆典活动由家长和孩子一起主持，他们用主持词把精彩纷呈的节目串联了起来。小笑作为优秀学生代表，为到场的爸爸妈妈献上10周岁感谢词。然后家长和孩子代表一起切大蛋糕，大家共同许愿。教师代表庄老师送上祝贺词，最后家长、孩子和老师一起高唱《快乐的红苹果》，在这首欢快的班歌中结束了本次庆典活动。

整整一个半小时，每一位参与活动的孩子的心灵都留下了无数感动的瞬间。每一位亲临现场的爸爸妈妈都为孩子们的表现而感动。活动结束后，大家纷纷发来信息感谢老师。本次活动给孩子们的童年留下了美好的回忆。

沟通之道

（1）10周岁的特殊意义，让家长明白老师的用心。

10岁，孩子进入四年级后，各方面都进入了关键期。于是，我通过"校信通"告诉全体家长，要在红苹果班开展一次10岁生日集体庆典，邀请爸爸妈妈

一起来祝贺。对于我来说，组织这么一次活动增添了许多工作，但对于孩子来说，这将是小学生活中难忘而又美好的记忆。班主任在组织开展类似活动时，首先要让家长明白活动的意义，以及老师的用心。当我把上述信息发出去后，好几位家长立刻回复说："真的非常感谢许老师的用心。若有什么需要我做的地方，请尽管吩咐。"可见家长也支持开展此类活动，班主任在公布消息时要注意措辞。

（2）每个孩子上台表演，让孩子邀约父母。

让每一位孩子都上台表演并不是一件容易的事，尤其红苹果班有将近三分之一的家庭为拆迁户，没有太多财力、物力供孩子学才艺。很多孩子不知道该表演什么，于是我帮助他们精心排练了一个诗朗诵，再邀请几位学舞蹈的女生给他们伴舞。一些平时鲜有表演机会的孩子，内心都十分激动和开心。"孩子们，你们表演的节目可棒了！记得邀请你们的爸爸妈妈来哦！"每每跟他们在一起排练时，我都会这样笑着对孩子们说。孩子们说："我爸爸妈妈都会来的！"然后让孩子回家后积极地邀请他们的爸爸妈妈。自己的孩子要表演节目时，恐怕没有一位家长不愿意来观看。原本与我搭班的庄老师担心没有家长会来，当看到会议室里人头攒动时，他说感到很意外，也很感动。

二、女生节、男生节庆典

女生如花，男生如树。从幼儿园到小学六年级，是孩子心理发育的重要阶段。男生和女生由于各方面发育特点的不同，表现也往往不同。男生的自我约束能力较弱，他们常常以自我为中心，贪玩好动，遇事容易冲动，学习比较粗心。而女生都能很好地遵守学校的各项规章制度，易于接受老师的教导，做事认真仔细，学习努力扎实。这段时期女生的表现符合传统教育中好孩子的标准——听话、乖巧、学习成绩优异。所以在小学里，女生当班干部的居多，男生则经常受到老师的批评。

这一阶段男孩的发展与传统的"好孩子"的标准明显不符。我们在评价男生时，常用"调皮"、"好动"等词语。这种评价方式会压抑男生个性的发展，会严重阻碍其社会心理的发展。长此以往，容易导致男生缺乏竞争意识、创新意识，缺乏集体荣誉感。

于是，男生中出现了一批"事不关己，高高挂起"者，出现了一批令老师头疼的"差生"。不少小学老师感慨，哪个班男生多，该班的纪律就会成为老大难的问题，似乎在小学里"男生"成了不受欢迎的代名词。我曾经听到一所颇受欢迎的民办小学，对于转入学校的插班生，明确表示不要男生。

苏霍姆林斯基说，教育者的使命就是使孩子各方面都和谐地发展，这种和谐发展的前提是尊重每一个学生的个性。我们所做的一切都是为了培养真正的人，让每一个孩子成为一个大写的人，让每一个孩子的个性都健康发展。女生节、男生节活动的开展意义便在于此。

1. 进行比赛，全面激发男生的积极性

男生身上本身有许多好斗、好胜的因子，为了全面调动男生们的积极性，利用黑板的一小隅，用红粉笔写上男和女两字，根据上课时的发言情况、作业完成情况、遵守纪律情况等方面，采取加五角星的方式，进行男女生的竞赛。这样，男生的好胜心就被激发起来了。女生们不甘心被男生超越，会更加努力，更加勤奋，各方面会表现得更好。当男、女生双方比赛完，累积到一定的分数之后，就专门拿出一周时间来开展女生节或男生节的相关活动。

2. 集体庆典，把父母的祝福融入其中

如果这一周命名为女生节，那么这一周丰富的活动都要围绕女生展开。比如，吃中饭时，让所有的女生先吃，享受女生节的待遇；比如，每天中午作业整理课前，全体男生要向女生道贺：女生节快乐！所有的女生都会收到来自她的同桌男生亲手制作的一张贺卡。在这一周的周六上午，把全班女生的爸爸（妈妈）全都邀请来，让爸爸妈妈送诗、送歌之后，每一位女生上台表演自己的才艺，唱歌、舞蹈、小品或者乐器表演等，形式不拘一格。所有女生表演完才艺后，一起来吃生日蛋糕，一起来许愿，一起来吹生日蜡烛，将整个活动推向高潮……

反之，男生节也一样。这是独属于男生的节日，爸爸妈妈也要送上自己的诗歌或者亲自为孩子写的文章，由此来拉近孩子与家长之间的心理距离。让家长们

在感动、激动的同时,也拉近了与班主任之间的心理距离。

我形我秀,庆贺男生节亲子会

相亲相爱班的男生个个都有鲜明的个性,有的聪明伶俐,有的无比活跃,有的爱打抱不平。同时,班里每天吵架、打架事件也层出不穷。我从六年级接手这个班之后,为了调动男生们的积极性,于是在班上进行男女生之间的比赛,包括纪律、学习、行为规范等各个方面。

我在黑板上写下男、女两个大字,然后把男生和女生得到的分数写在上面。班里的女生一直都非常棒,自然她们的成绩也一直遥遥领先。当女生的分数累加到200分后,我为她们开展了一次"女生节"的庆典,邀请她们的爸爸、妈妈一起来参加活动。

当我在班级里播放女生节活动的照片时,男生们一个个都十分羡慕,迫不及待地问道:"许老师,什么时候来一次男生节的庆典呢?"我说:"可以呀!我多么希望下周就可以为你们举办一次,关键靠你们大家的努力哦!"男生们一个个握紧了拳头,似乎下定了决心要好好表现。

终于在"女生节"庆典后的两个月,男生的分数也累加到了200分。"我们终于要举办'男生节'亲子生日会了!"男生们欢呼雀跃起来。他们踊跃报名表演节目,或独唱,或小组表演,或小品表演,每位男生都必须上台表演一个节目。

我赶紧给全体男生的家长发送校信通:亲爱的男生家长们,在所有男生的努力下,我班将于12月13日(周六)上午举办"男生节亲子生日会"。每一位男生都会有节目表演。欢迎有才艺的爸爸妈妈也能倾情上演。您的参与必将给孩子的小学生活带来珍贵的记忆,必将给孩子带去最美好的鼓励。家长表演的节目有:家长献诗、家庭送诗等。届时我会准备好诗歌的内容。如果有兴趣进行才艺展示,那么请家长在QQ上报名!

信息发出去没多久,就有好几位家长报名,其中骏翼妈妈、沈韬妈妈说要家庭送诗,冲夷妈妈要用英文送诗。一时间QQ群热闹非凡,这着实出乎我的意料。我在QQ上说:"谢谢我们的男生家长们!你们的努力、你们的才艺展示、你们温暖的表演,将会成为孩子一辈子的财富!"有的家长留言道:"许老师,尽管我普通话不标准,但我愿意为孩子站到舞台上,试一试!"

有一位家长忐忑不安地问我:"许老师,需要背稿子吗?"我告诉他:"我会准备红色的讲义夹,只要照着读就行,不需要背稿子。"家长说:"那我就放心了,我最不擅长背诵了!"

于是,在好友小舟的帮助下,我花了三个晚上把家长送诗的诗歌内容整理了出来。小舟在做苏州萤火虫义工活动,有许多诗歌值得借鉴。我可以直接拿来用,要不然,真的不知道要花费多少时间才能整理好。后来我又把亲子生日会男生专场的节目流程做了出来。

最后我把本次亲子生日会的节目流程表上传至QQ群的共享文件中,并在QQ群中留言:各位参加送诗、送歌的爸爸妈妈们,请从共享文件中找到要朗诵的诗歌,回家练习哦!我又联系了三位小主持人的妈妈,让沈韬妈妈总负责孩子们的主持情况,并帮助拟写主持词。书航妈妈负责制作课件,冲夷妈妈负责训练主持人。就这样各就各位后,孩子们、家长们努力地排练着,为了这美好的一刻,大家齐心协力。

终于到了12月13日上午,在全体男生铿锵有力的诗朗诵——《我骄傲,我是男生》中,我们的"男生节"隆重开幕了!

班上28位男生的爸爸妈妈,有的是医院的名医,有的是上市公司的白领,有的是公司的老板,有的是为生活奔波的商贩……无论工作多么繁忙,今天全都放下手头最重要的事情,亲临这场美好的约会。听到家长们温情的诗歌吟诵声,听到家长们流利的英文祝贺声,看到家长们都那么投入地为孩子送上祝福……我内心十分感动。当弘毅爸爸亲自朗诵为孩子写的诗歌时,周围的家长、孩子们也都被感动得眼泪汪汪……

整整两个多小时的男生节活动在欢乐中结束了。最后家长们带着感谢来向我告别。"谢谢许老师,这次活动太有意义了!许老师辛苦了……"听着爸爸妈妈们发自肺腑的语言,我觉得之前的付出都是值得的。

沟通之道

（1）家长送诗，班主任最好能准备好诗歌内容。

亲子生日会，若能邀请我们的家长一起表演节目，为孩子们送诗、送歌，那是最有意义的了。不过我们的家长来自各行各业，平时可能没有过多的时间看书，更不要说创作诗歌了。一般来说，家长给孩子送的诗歌，班主任最好能提前准备好。有文学才华的班主任也可以自己创作，或者通过上网搜索，找到合适的诗歌，再进行必要的修改。比如，可以将孩子的名字融进诗歌，改编成有生命力的诗歌。

如果班主任能提供文本，那么家长们报名的热情要高许多，否则，要求太高了，家长们都会退缩。当然，也鼓励一些有才华的父母自己创作。比如，我们班的弘毅爸爸妈妈都是中文系毕业的，他们自己创作了诗歌送给孩子，又如冲夷爸爸妈妈的英文特别棒，他们自己创作了英文诗歌，为孩子送祝福。

（2）做好充分准备，平时多关注家长、孩子的节目进展。

空闲时可以多问问孩子："节目准备得怎么样了？爸爸妈妈送的诗准备得如何了？"与孩子沟通时可以说："哇！你爸爸妈妈还给你送诗呀，真的太棒了！"让孩子觉得爸爸妈妈上台很光荣。与家长们沟通时可以说："您的孩子非常期待您的表现，只要我一说到你妈妈会为你送诗，孩子就特别开心。"只有节目准备充分，活动对家长和学生的激励性才大，也更有意义。

三、小红军亲子体验活动

湖南卫视的亲子节目《爸爸去哪儿》播出后，立刻风靡全国，并引起人们的思考：爸爸究竟该怎样陪伴孩子，共度亲子时光呢？家长如何带领孩子进行游戏、做各种提高生活技能的活动呢？家长如何密切亲子之间的和谐度呢？

作为新中国第一代独生子女，现在许多"80后"家长本身自己的动手能力都比较差，那么，让他们带着孩子一起做饭，一起体验红军长征路上吃的"苦"，那会是怎样的一幅场景呢？我开始动起了脑筋，怎么来策划一场亲子活动，既能

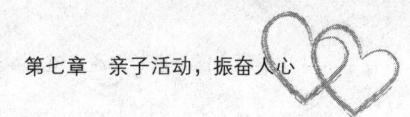

第七章 亲子活动，振奋人心

让孩子体验到辛苦，又能提高孩子的动手能力呢？

偶然之间，我在网上看到离我们桐乡不远的德清杨墩农庄正在进行"小红军亲子体验"活动，我询问了一位带儿子体验过的同事，她告诉我很有意思，也有点辛苦。午餐要自己亲自烧火做饭。家长愿意带着孩子去体验吗？不怎么会做饭的爸爸妈妈愿意带着衣来伸手、饭来张口的孩子去吃苦吗？

其实，我的内心犹如十五只水桶——七上八下。什么样的倡议书，什么样的描述，才能打动大部分"80后"的家长们，愿意带着孩子参加这样"吃苦"的实践活动呢？我与相亲相爱班的家谊会会长禾一妈妈多次商量，反复修改，最后定稿的倡议书为：

相亲相爱班亲子活动倡议书

各位亲爱的家长朋友：

为迎接新中国65周年华诞，为了锻炼班里孩子的意志，培养他们的动手能力，密切亲子之间的感情，我们班家谊会将在9月28日（周日）组织"德清杨墩农庄小红军体验活动"。请看一日安排：

8:20—9:30	早上八点在市政广场集合，乘坐旅游大巴车前往德清红色根据地，在大巴车上一起唱长征路上的红歌（音乐老师会提前教孩子们唱）。
9:40—10:00	根据地老班长组建红军队伍，根据人数分班、换装、授旗授枪。各班要有班长、口号、班歌……老班长做"战前动员"，布置任务，讲解纪律，营造浓厚的气氛。
10:00—10:40	全体出发，跑步前进，活动开始啦…… 红色任务一：长征路上——沿着田埂，行军。
10:40—11:30	红色任务二：红军们打土豪，斗地主。
11:30—13:30	午餐：分班领取南瓜等蔬菜，在家长的指导配合下，自己动手烧出可口的午餐；由连长组织各个班长向大家展示、品尝做好的南瓜粥和红烧肉，评出最佳红军餐。
13:30—14:10	红色任务三：利用稻草、竹竿等东西，分组比赛搭草房。

续表

14:10—15:10	红色任务四：各班进入战斗状态，根据地大练兵。 背枪操练本领（射箭、匍匐前进、翻越城墙、过沙坑、迷宫障碍、走独木桥等）。
15:10—16:00	整队集合，连长公布评比结果，为优胜者颁奖，合影留念，换装。
16:00	乘车返回桐乡，结束寓教于乐的一天。

费用：320元/亲子（一位家长），160元/单个小孩。

活动费用包含：

①往返交通：空调旅游大巴、多年驾驶经验司机；

②午餐：十菜一汤的标准，12个人（6个大人和6个小孩）坐一桌（提供食材，自己烧煮）；

③旅游意外保险；

④活动全程安排亲子辅导员一名，教练工作人员若干；

⑤行程内所有活动及食物。

各位亲爱的家长，您是否对本次一日行程心动呢？现在的孩子动手能力不强，最缺吃苦的精神。唱红歌、行军，尤其是自己烧饭菜……这将是对孩子的考验和磨炼。也许，你也不会动手烧菜。没关系，让我们一起动手，和孩子一起努力吧！《爸爸去哪儿》里的明星都尝试着让孩子吃苦，我们也可以给孩子提供这样的机会，大家动手实践吧！

相信这次活动是给孩子成长的一份最有意义的礼物，对我们家长也是一次考验。家长们，让我们行动起来吧！别犹豫了！快来报名吧！

本次活动自愿参加，来往途中要注意交通安全。活动中若出现不可预知的问题，将一律不承担责任。有意参加的家庭，请到家谊会沈禾一妈妈处报名。报名截止到24日晚8点。

倡议人：603班家谊会
××年×月×日

本以为双休日孩子们要在培训班学习才艺，报名参加本次活动的家庭不会特别多，没想到，全班 55 个孩子，最后居然有 48 个孩子报名。活动开始的那天早上，两辆大客车载着孩子和家长们浩浩荡荡地出发，如此爆棚的人气在以前的亲子实践活动中从来没有遇到过。

　　来到目的地，所有的家长和孩子都穿上了红军的衣服，一起行军，一起唱红歌。活动中有两位体型偏胖的爸爸主动扮演"土豪"，小红军们一起抓"土豪"，后来大家在红薯地里用　头挖红薯，那情景真让人开心呀！

　　最过瘾的环节是分组烧饭，班里有很多爸爸妈妈都是第一次亲手烧饭。就这样负责劈柴的劈柴，负责烧灶的烧灶，孩子们帮助理菜，洗菜……大家都忙得满头大汗，嬉笑声、玩笑声不绝于耳。因为玩了一上午肚子饿了，孩子们个个吃得狼吞虎咽，那一副副囧相，引得大伙儿不时拍手大笑。

　　吃完午饭，大家一齐来到草地上用稻草和竹竿搭草房。两个连队共六组成员，开始了搭草房的比赛。这还真是一项考验人的任务！有的小组搭得又坚固又美观，有的小组搭得快，但很容易被风吹倒……爸爸妈妈和孩子们一边动手，一边动脑，那一份融洽和快乐也只有在真正经历过活动之后才能体验得到。最后由连队指导员评分，排出名次，大家再到草地上进行亲子游戏。所有的人一直玩到将近四点，才启程回学校。这一路都是欢声笑语。

　　外出亲子活动，安全问题是最要紧的。本次活动好玩又有趣，选择的目的地也只有一小时左右的车程。活动所在的庄园环境简单，乘坐的车子性能良好，联系的旅游公司也是信誉度很高的单位。出发前为每位游客购买保险。出发前两天，家谊会专门印制了注意事项让大家学习。班里也多次开展了有关此次活动的安全教育。总之，各个细节的地方都要做好。

　　活动圆满结束后，孩子们开心得不得了，纷纷写文章记下了美好的瞬间，家长们对本次活动也好评如潮，在微信朋友圈不断刷屏，甚至引起了其他班级家长的羡慕……

四、亲子毕业庆典

　　虽然我带长河班只有一年，但因每两周开展一次微信交流活动，与家长们沟通

较多，感情也更深厚。有家长提出，小学毕业除了拍创意毕业照之外，再开展一次活动，比如旅行、聚餐之类的，不是更有意义吗？后来，我与家谊会楚妈商量，决定把活动定为"亲子毕业庆典晚会"，每个孩子上台表演节目更加有纪念意义。

五月底，我在微信群中留言：各位亲爱的家长，应部分家长要求，我们家谊会最终决定，毕业季活动定为亲子毕业庆典。时间暂定于7月3日晚6:30到8:30。本活动将由楚妈全权负责，另有家谊会核心会员协助。请各位家长妥善安排时间，准时参加庆典。若有家长想旅行、聚餐，家谊会不再另行安排，大家可以自行约伴！

我给孩子们预留了两周时间选报节目，可单独表演，也可集体表演，但节目需我审核通过。我告诉孩子们，不像平常班会课上的自娱自乐，作为一次毕业会演，本次活动的节目一定要高规格。两周之后，我仔细斟酌，考虑到发挥孩子们特长，以及各种乐器搭配，最终把学生的节目单大致确定下来。

既然是亲子毕业庆典，最好有家长表演节目。我多次在微信鼓动家长，欢迎擅长乐器、有才艺的爸爸妈妈展示才华。大概是不好意思，三天过去了，一点动静都没有。我知道小政妈妈是钢琴老师，于是私下与她微信："小政妈妈，毕业庆典你弹奏一首曲子怎么样？"她爽快地答应了。

小政妈妈答应后，我就在微信群中对家长们说：小政妈妈将在毕业典礼上演奏钢琴，欢迎爸爸妈妈积极报名，展示才华！

我边收集资料，边经过酝酿、修改，制作了两首诗歌——《宝贝，有你真好》和《孩子，我想对你说》，发送在微信群中。

《宝贝，有你真好》这首诗歌招募5位男生家长、5位女生家长，在毕业典礼上给孩子们送诗，送幸福，请家长们积极报名。

《孩子，我想对你说》这首诗歌招募5个家庭（爸爸妈妈一起上场），在毕业典礼上给孩子们送温暖，请家长们积极报名。

每有一位家长报名，我就及时在微信公布：《宝贝，有你真好》只剩下两位男生家长的名额了，请积极报名。《孩子，我想对你说》只剩下一个家庭的名额了，请抓紧时间。我的话语抓住了家长的心理，让原本有点想报又犹豫的家长，心理有点小小的压力，再不报名，就没机会啦！

这样，很快又有家长报名了。一个下午不到，5个家庭，外加5位男生家长、5位女生家长全都报名完毕。我在微信中宣布：家长送诗节目全部报名结束。《孩子，我想对你说》由志远爸爸妈妈负责排练落实。《宝贝，有你真好》由陆徐妈妈负责排练落实。谢谢我们的家长们，期待美妈帅爸们的精彩演出。

很快，我们的节目单新鲜出炉了。我将这份节目单上传至QQ群中，让各位家长查漏补缺。这时，施展妈妈主动问我："许老师，家长还可以报名吗？""可以！热烈欢迎！"我说。看到家长主动报名，这是最高兴的事情了。就这样确定好节目单后，我开始让孩子们、家长们分头准备。

北港小学603班毕业典礼暨班级奥斯卡颁奖盛典晚会节目单

主持人：徐程、施展、沈楚涵、姚青澄

晚会统筹：沈楚涵妈妈

时间：7月3日晚上6:30

地点：待定

主办：桐乡市北港小学603班家谊会

	节目名称	演员
1	诗朗诵《宝贝，有你真好》	10位家长
2	小品《上课》	周思妤等
3	歌曲串烧：《青花瓷》《小幸运》《逆战》等	顾盛泽等
4	钢琴演奏《万水千山总是情》	朱政妈妈
5	笛子演奏《同桌的你》（加伴舞）	王婷等
6	英语小话剧	徐可欣等
7	二胡《良宵》	施展妈妈
8	家庭诗朗诵《孩子，我想对你说》	5个家庭
9	相声《弄巧成拙》	戴戎、叶子程
10	拉丁舞《拉丁串烧》	李潋、曹颖钰
11	越剧表演《回十八》	沈楚涵

续表

	节目名称	演员
12	萨克斯《同一首歌》	姚张汐
13	男生诗朗诵《我骄傲,我是男生》	全班男生
14	钢琴四首联弹	徐金晶、沈楚涵
15	小学生活回顾《我们一起走过的日子》	金梓昕等
16	歌曲《总有幸福在等你》	缪诗妤等
17	优秀家长和优秀学生代表发言	待定
18	吉他弹唱	陆志远、吴宇阳
19	班级奥斯卡颁奖	
20	老师送祝福	许丹红等
21	歌舞表演《栀子花开》(小提琴伴奏)	于天之等
22	演唱《明天会更好》(钢琴伴奏:姚青澄)	姚青澄爸爸等

负责晚会统筹的楚妈是一位幼儿园老师,她非常有经验。很快,她就把毕业汇报演出的策划书做了出来。我看后感到非常震撼,家长的能力实在太强了。这份策划书把该考虑的细节都考虑到了,每一个环节都有负责的家长。其他家长看到这个策划书后,都纷纷拍手叫好。

北港小学603班毕业汇报演出策划书

【活动主题】

小学六年稍纵即逝,回首六年来北港校园的生活,有欢笑、有争吵、有奋斗、有挫折,我们在这样的磨砺中逐渐成长为一个个自信的人。一路走来,我们在进步、在成长。这场演出过后,我们将告别小学时代,飞向更广阔的天空,怀揣着美丽的梦想,迎接更激烈的挑战。让我们微笑挥手,启程吧!

【活动意义】

我们的毕业汇报演出不仅是一场展示才艺的会演,而且是一场告别的晚宴。这将成为我们憧憬未来的一个新起点。晚会将展现603班全体同学的真诚和友谊,

为我们的小学校园生活留下最珍贵的记忆。

【时间地点】

　　时间：2016年7月3日晚18:30—21:00

　　地点：桐乡市实验幼儿园城北园区报告厅

【准备过程】

　　（1）节目初步成型。

　　（2）节目整体初定。

　　（3）节目质量提升，确定道具、服装。

　　（4）演出前彩排（表演者进出场）。

【工作安排】

　　（1）宣传组：负责人徐程妈妈。负责晚会开始前半小时毕业照片的滚动播出，负责嘉宾邀请函的制作及当晚嘉宾的接待工作。

　　（2）仪器负责组：负责人沈楚涵妈妈。负责音响、电脑、话筒、钢琴等仪器设备的控制和操作。

　　（3）保卫组：负责人张钦杰妈妈。负责维持现场的秩序和纪律，负责晚会当天进门引导及现场座位引导。

　　（4）后勤组：负责人缪诗妤妈妈。负责物品的购买，发放水果和水。

　　（5）拍摄组：负责人钟天昊爸爸、徐可欣爸爸，负责节目的全程拍摄。

　　（6）卫生组：负责人金梓昕妈妈。负责场地的卫生情况和整理工作，杜绝会场出现吃零食的情况及乱扔垃圾的现象。

　　（7）节目管理组：负责人姚青澄妈妈。负责节目的后场衔接以及演出人员的上下场。

【应急方案】

　　（1）每个节目必须提前在候场区等候。若前一个节目由于各种原因无法按时演出，下一个节目可及时跟进。

　　（2）在晚会当晚若发生停电情况，若半小时后，没有来电，组委会可宣布晚会改期。

【注意事项】

　　（1）各人员及观众有秩序地进场。全体人员在18:15全部到场。全部演员在

18:30到位。

（2）在候场区安排2～3名工作人员维持秩序。

（3）更衣室设置在会场旁的教室。

（4）主持人服装和各节目的服装、道具自备。音乐伴奏或其他背景音乐提前5天发送至邮箱244301348@qq.com。

（5）晚会结束后，家谊会人员留下整理会场。

（6）全体人员注意出行安全。

603班家谊会
××年×月×日

在不影响复习的情况下，孩子们、家长们紧锣密鼓地准备着节目。微信成了我们最好的联络工具。四位主持人由姚妈负责，一起排练。我在微信上喊话："脱稿脱稿！要求脱稿！"后来楚妈也在微信喊话："节目有音乐的，请提前发送至指定邮箱。每一位孩子准备两张照片，一张低年级的照片，一张近期的照片。"程妈负责邀请老师。排节目场景、小视频在微信群里发送，微信群氛围非常好，家长真的太认真了，多次排练，变换队形，为了节目，还统一购买服装。

7月2日晚上，家长们、孩子们自发到演出地点进行排练。我因那晚去嘉兴参加同学会没有时间参加，就直接在微信上观看现场直播。

程妈打电话问我："'奥斯卡'颁奖典礼需要怎么做？"我说："没关系，我会准备。"教孩子们一年，我对每一位孩子的性格、爱好了如指掌，在这次庆典中，我要给孩子们一个惊喜。我动了一个多月脑筋，反复思考，反复斟酌，最终花了四个多小时，将奖状和颁奖词准备好……

毕业庆典终于在热烈的期待中开始了，我们的美妈帅爸们和孩子们表演的节目，一个个精彩得一塌糊涂。当晚，完美刷爆朋友圈。最精彩的"班级'奥斯卡'颁奖典礼"环节到了，班上四位老师在台上一字排开，手捧奖状，开始逐个宣读。

徐金晶	最具有音乐家气质奖
姚张汐	最具有国际范儿奖
沈楚涵	最才气逼人奖
姚若菲	最全面发展奖
陆志远	最光芒四射奖
金梓昕	最有领导力奖
施展	最有希望获得诺贝尔文学奖
徐可欣	最高情商奖
章李渊	最具有富翁相奖

每报到一位同学的名字，下面都安静极了。当报出这位孩子获得的奖项时，伴随着一声声尖叫和掌声，领奖的孩子箭一般冲上台来领奖。一阵又一阵的欢呼声、尖叫声响起，那种激动、兴奋无法用语言来形容。颁奖结束后孩子们纷纷告诉我，这个环节太让人觉得意外！

然后，老师表演诗朗诵《让我们的祝福伴你一路前行》。老师们才开始吟诵几句，下面的孩子们早已眼泪汪汪了。一个个红着眼睛，满含不舍、留恋，美好幸福的童年时光就这样结束了。

在《明天会更好》的歌声中，毕业庆典画上了圆满的句号。家长们、孩子们一一过来道谢、道别、拍照、留念。夜深了，家长们还在微信中留言，不忍散场。李铭爸爸说："班级奥斯卡的创意实在太好了！"家长们纷纷表达着对老师、对楚妈团队的感谢！依依惜别在今宵，美好情谊在毕业庆典！带着这些弥足珍贵的记忆，孩子们将开启另一段美好旅程……

孩子，我想对你说

妈妈：母爱的种子，在春天里发芽。

爸爸：父爱的果实，在秋天里收获。

妈妈：当时间的列车行驶到2016年的今天，借着小学毕业典礼点燃的幸福之光，我想对你说：孩子，感谢有你！

爸爸：你是我们一生最得意的作品，是我们倾尽一生去完成的画卷。

妈妈：你的第一声啼哭、第一个微笑，我们都刻骨铭心！你成长的每一步都有我们关注的眼神。

爸爸：孩子，我想对你说：感谢你的母亲吧！是母亲给予你生命，给予你健康。孟郊有诗：慈母手中线，游子身上衣。临行密密缝，意恐迟迟归。谁言寸草心，报得三春晖。母爱就像春天里温暖的阳光，自然清新，婉转深情！

妈妈：孩子，我想对你说：感谢你的父亲吧！父爱如山，高大巍峨；父爱如天，粗犷深邃。杜甫有诗：好雨知时节，当春乃发生。随风潜入夜，润物细无声。大爱无痕，父爱无声！

爸爸：玉不琢，不成器；人不学，不知义。父母的叮咛与唠叨，也许让你稚嫩的心灵承受着压力，或是满肚的委屈，请你相信那是我们望子成龙的期盼！同时允许我们说声对不起，我们在以后的日子里共同改进。

妈妈：孩子，我想对你说：我能给予你生命，但不能替你生活。我能抚养你长大成人，但不能保证你长大成材。

爸爸：孩子，我想对你说：遇事冷静，要学会理解，学会珍惜，学会宽容自己和别人，学会与朋友分享快乐。

妈妈：合抱之木，生于毫末；九层之台，起于累土；千里之行，始于足下。让我们启程一起远航！

爸爸：古人学问无遗力，少壮工夫老始成。纸上得来终觉浅，绝知此事要躬行。

合：送给所有的孩子们，让我们一起在美好的时光里奋发努力，与诗文一起荡漾，一起芬芳！

第八章 孝敬课程，心花怒放

在教育过程中，不仅我们的孩子需要唤醒，我们的家长也需要鼓励和唤醒。想尽一切办法鼓励家长，进行有效的沟通，调动他们的积极性，才能使他们愿意支持学校和班主任的工作，更愿意关注自己孩子的学习。

人的态度和行为在很多因素的影响下会发生变化。班主任除了想尽一切办法鼓励家长，激发家长的热情和态度之外，还可以进行隐性投资，让家长觉得学校教育是有效的，班主任是有为的，从而更关注孩子的学习。描述得直白一些，比如，当家长看到自己的孩子在班主任的引导下，变得越来越懂事和孝顺时，是否会觉得班主任的教育效度高——不仅仅关注教育成绩，更关注孩子如何做人，从而更加信任班主任，支持班主任的工作呢？

我本人很注重这种隐性投资，每带一个班都会建设班级孝敬课程，想方设法倡导孝顺文化。一开始有少部分家长对我所倡导的家庭劳动教育不是很理解，觉得没什么必要，表面上支持，可内心没有真正重视起来，每天的家务记录，也只是随便写写。但是坚持做下去，孩子的面貌开始变了，成绩提升了，在家不娇气霸道了。孩子的变化往往决定着家长的变化，到后来总能赢得家长的好评。

通过建设孝敬课程，以及一系列活动的开展，孩子在家更有责任心了，更有孝心了，与家长也更贴心了，家长在感到愉悦的同时，也就更认可、信任班主任了，更愿意支持和配合学校的工作。即便班主任工作中有点小纰漏、小疏忽，家长也能理解班主任。事实证明，这种迂回的沟通之道的确有效。

一、隐性投资——建设孝敬班本课程

苏霍姆林斯基说过："如果一个孩子、一个中学生连他的母亲都不爱，还能爱别人、爱家庭、爱祖国吗？"帕夫雷什中学的校训就是"爱你的妈妈吧"！孝，是人类文明进步的标尺；孝，是永恒的道德教育主题。尽管不同的国家和民族敬老养老的方法有别，但热爱父母、尊敬老人是全人类共同的道德基础和道德准则，世界各国都很重视尊老爱老的道德教育。

百善孝为先，在中华民族灿烂的文化长河中，孝敬一直是国人恪守的道德准则，是中国社会道德的核心，是构建和谐社会的基础。

现在的青少年大都是独生子女。优越的生活环境，祖辈父辈们过多的照顾、宠爱、放任和袒护，致使独生子女从小就以家庭的"小皇帝"自居，养成了饭来张口、衣来伸手的习惯，产生了父母宠爱自己是天经地义的错误认识。

在多元文化交汇的现代社会，继承和弘扬以"孝"为代表的传统文化，培养学生浓厚的传统文化底蕴，塑造学生的精神和气质，是目前学校教育的执着追求。只有让"孝敬、和谐"的生活教育理念深入每一个个体心灵，才能促进个体自觉规范自己的言行，提升自身的修养，并相互影响，形成相对稳定的生活状态。

我每接手一个新班都会以"孝"为突破口，建设孝顺班本课程，进行隐性投资。具体做法是这样的。

1. 让孝敬故事根植于心

中华民族自古被誉为"礼仪之邦"，传统美德源远流长。"孝亲敬长"是中华民族的传统美德，千千万万龙的传人因为这种深厚的文化渊源，传颂着一个个千古佳话。也许对孩子来说，二十四孝的故事有些陌生，但我们可以利用红领巾电视台、黑板报、宣传橱窗等宣传阵地，展示孝敬教育的相关影片、故事片段，让学生明白孝敬自古以来就是中华民族的美德。

通过收集名人的孝敬故事，利用编写小报或写"向名人看齐"的文章，让学生感受榜样的力量。

发挥班级文化优势，营造"孝敬、和谐"的氛围，发挥孩子主体参与的作用，围绕"孝敬、和谐"的主题，让孩子们用自己的双手和语言设计班级文明礼仪、环境卫生等温馨提示牌，贴在教室内或走廊、过道上，让这些地方成为"和谐校园生活的展示台"。

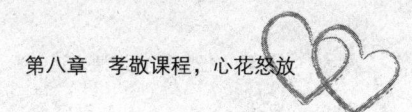

2. 建立孝敬评比制度

没有规矩，不成方圆。在教室中建立孝敬中队角、阅读角，以健康积极的文化影响队员。除此之外，我还建立了"孝敬中队响叮当"的评比制度。每月评出"班级孝星"和"孝敬小队"，学期末评出班级"孝敬之星"。这种激励性的评比制度为孩子们创设了积极的竞争氛围，从而逐步学会自我教育。

3. 进行孝敬实践活动

（1）要求每位队员将"八心"之歌烂熟于心。

　　　　常问好，讲礼貌，让父母舒心；
　　　　少空谈，多帮忙，让父母省心；
　　　　走正道，少是非，让父母放心；
　　　　求进取，多争光，让父母开心；
　　　　遇难事，多商量，让父母称心；
　　　　遇矛盾，能宽容，让父母顺心；
　　　　忌盲从，不糊涂，爱父母要真心；
　　　　重恩情，能迁移，对父母献爱心。

在晨读、班队等时间，利用快板、儿歌、童谣等孩子喜闻乐见的方式，要求全体孩子每天吟诵一遍，牢牢记住"八心"。

（2）经营节日孝敬文化。

平时充分利用我国的节日，如妇女节、劳动节、教师节、国庆节、重阳节、春节等，开展丰富多彩的孝敬活动。比如妇女节开展"我为妈妈洗脚"的孝敬实践活动；春节开展"孝敬闯关"的实践活动，每周写一篇孝敬日记，每天为父母做一次家务、捶一次背、说一句问候语；母亲节为妈妈做一张贺卡等，将教育内容寓于活动之中，从而收到"导其行"的效果，培养小学生道德的自觉性与持久性。

（3）开展孝敬主题班队会。

每个学期开展一次大规模的"孝敬主题"中队会，让队员寻找身边的孝敬榜样，利用小品、相声、快板、儿歌等多种形式，讲述榜样的故事，在无形中形成

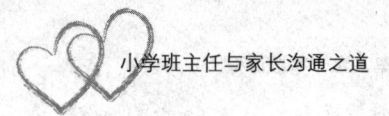

良好的孝敬教育的氛围。

（4）丰富班队活动的形式。

开展活动是育人的一条途径，在开展形式多样的活动的同时，要更加注重活动的内涵对孩子们的心灵产生的"润物细无声"的作用。笔者曾经组织开展了丰富多彩的孝敬主题班级活动，比如"孝敬演讲比赛"、"孝敬现场画画比赛"、"孝敬赛歌会"、"孝敬文化会演"、"孝敬日记展"、"孝星大评比"等多种孩子感兴趣的活动。丰富多彩的活动使教育发展与孩子的心灵净化达到了和谐统一。

4. 让家长成为孩子的榜样

家庭是塑造孩子心灵最重要的场所，父母是孩子最重要的老师，家庭环境对孩子的成长起着非常重要的作用，因此，很有必要让家长积极参与关于孝敬内容的活动。

我利用家长会、开办家长学校、给家长写信等形式，呼吁家长首先要做一个孝敬父母的人，做孩子良好的榜样。比如我带红日班时，一位家长牟鑫妈妈被评为"桐乡市十佳孝顺好儿女"，我邀请她来做专题讲座，让全体家长明白这些道理：让孩子理解父母的艰辛；让孩子从小事做起；让孩子获得表达孝心的机会；让孩子在父母的言传身教中受到熏陶；让孩子感受孝敬父母时的幸福，等等。同时，家庭要配合学校开展的"孝敬"活动，使学校的教育活动与家庭教育结合起来，真正发挥教育的效果。

邀请家长参加主题班队活动，不仅让家长充分了解了学校教育活动的内容，而且使他们在班队活动中感受到学生的一片孝心、爱心，并且使他们能主动、自觉地配合学校搞好这项教育活动。及时了解家长对学校的孝敬活动的反馈意见，不断改进活动的方式、方法，使教育活动得到及时的评价，真正收到实效。

孝顺班本课程的开展，让孩子在家的各种行为表现有了翻天覆地的变化，让家长们的心中溢满温暖，更大程度上是对学校教育、对班主任的一种认可和支持。

二、开展节日孝敬活动

我们可以利用我国的传统节日（如重阳节、春节）、现代节日（如妇女节、劳动节)、西方的节日(如母亲节、父亲节)等,开展丰富多彩的孝心活动。比如,2016年的母亲节,我提前一周布置孩子们做孝敬作业:每一位孩子有创意地为自己的母亲过节,并拍摄照片做好记录,在母亲节这天用拼图的方式上传到微信群,与家长们共享。孩子们的孝敬作业上传上来了:有的孩子在家中搞卫生,有的孩子当起了厨房小帮手,有的孩子在给妈妈洗脚,有的孩子在给家长捶背,有的孩子给妈妈颁发了"最美妈妈"证书……

星妍妈妈不但在早上收到了"最美妈妈"证书,而且晚上女儿还亲自到厨房帮妈妈烧菜。星妍妈妈两次在微信中情不自禁地留言:"我真的是太意外,太激动了!""许老师,我觉得今天真的太幸福了!"妈妈们纷纷在微信留言表示感谢,其中,钦杰妈妈这么说:"是老师点子想得妙,是老师一直在引导孩子如何做人,我家孩子才一天天懂事起来。"后来我请一位妈妈负责把微信中的照片转发到班级QQ群中。我还专门抽出时间对这次活动进行班级共享。我让孩子们说说做孝敬作业的感受,好几个孩子告诉我,妈妈激动得流下了眼泪……

父亲节,我让孩子们调查爸爸工作的一天——让孩子们从调查中感受作为爸爸每天为生活、为工作忙碌奔波,给爸爸写一封感谢信,给爸爸洗一次脚。这三项活动让孩子们走进爸爸的内心世界。从孩子的习作中我看到有些爸爸受孩子给自己洗脚的触动,于是也去给爷爷奶奶洗脚了。一些爸爸也在微信上留言:"许老师的教育真贴心。"

下面是开展节日孝敬活动的家庭生活场景:

八孝文化,家庭乐开怀

在这小手拉大手,孕育感恩的一个又一个季节里,孩子们用自己的行动每天向长辈们献上一份孝心,这早已内化为一种自觉的行为了。那么,怎么让今年的妇女节"与众不同"?让日日艰辛工作,时时为孩子操心、劳累的妈妈们从心底开出一朵幸福的小花呢?如果爸爸们和孩子们也参与这个感恩的节日,夫妻互动,亲子互动,那不是更会充满浪漫、温馨的气息吗?一个和谐美满的成长环境,才利于孩子们的茁壮成长!

心动不如行动。"今天是妇女节,祝全体妈妈节日快乐!同时建议所有的爸爸和孩子一起精心策划活动,共同庆祝这一个美好的节日。"我用校讯通给家长们发了一条信息，呼吁爸爸们用自己的行动，和孩子一起向妈妈们献上一份爱心。

第二天，我从孩子们的笔下读到了下面这些温暖的片段——

媛媛爸爸特意为妻子买了一件漂亮的时装，媛媛妈妈的笑脸分外的灿烂；慧洁爸爸看到懂事的女儿时常为妈妈做事，惭愧之余，也在百忙之中买了巧克力送给孩子妈妈；王婷父女颇有架势，如春节联欢晚会一般的隆重，唱歌、跳舞、讲故事、献贺卡，让妈妈分外开心；胡蝶为妈妈唱歌，按摩，一家人其乐融融地玩传球，让妈妈发出了这样的感叹——"原来以为做人难，做女人更难，下辈子一定不做女人了，但今天我发现，原来做女人会这么骄傲，这么幸福，做女人真好！"泽洲父子趁妈妈还没下班，做完了所有的家务，妈妈开门回来的一刹那，泽洲父子一起从小房间出来，祝贺妈妈节日快乐，让妈妈笑脸如花；一向工作繁忙的沈杰爸爸特意早回家，主动帮忙做饭，让孩子妈妈舒服地吃上一顿晚餐，沈杰妈妈心情无比喜悦……

一个个温馨、美丽的镜头让连日来的阴霾一扫而光，阳光暖暖地照在每个人身上。生活的美好和幸福就这样，不经意间溢满心头。这个不平凡的日子，因为有了孩子们的这份孝心，因为有了爸爸们的精心浇灌，顿时富有了情趣。

孝文化的开展，让家庭乐开怀。家长们可以充分感受到学校教育的魅力和班主任的魅力，也更有心思和精神来教育和培养孩子。因此，孝文化既是对孩子们品德的塑造，也是班主任与家长拉近心理距离的一种隐形投资。直到现在，文中提到的一些家长，一直与我是不错的朋友，时常在微信中留言："您是最让人感到温暖的老师！"我知道，我只是做了一些抚慰家长心灵的事情。

三、劳动教育促进孩子全面成长

我曾连续三年在全国百强县的一所百年老校担任小学毕业班的班主任，在每一次接手新班时，我都会对孩子们平时的家务劳动进行一次前期调查。下表便是这三年的调查结果。

家务劳动	2013年	2014年	2015年
从没做过家务	20%	23.5%	25%
偶尔做一些简单的家务	75%	70%	70%
经常做家务	5%	6.5%	5%

从上表可以看出，我们的孩子处于一种衣来伸手、饭来张口的"少爷、小姐"的状态中。根据有关机构对各国小学生每日劳动时间的统计，美国为72分钟，韩国为42分钟，法国为36分钟，中国仅为12分钟。此外，德国的相关规定似乎让人觉得不可思议，规定孩子必须做家务，凡6～10岁的要洗碗，收拾房间，购买货物；14～16岁的要擦汽车和在菜园翻地；16～18岁要完成每周一次的大扫除，他们认为这种锻炼会让孩子一辈子受益。美国的父母从小培养孩子自食其力的精神，提倡"各人自扫门前雪"，重视劳动的价值，即使是富家子弟也要自谋生路，坐享其成被认为是可耻的。日本对孩子的要求极其严格，4岁多的孩子基本已能生活自理。国外的劳动养成教育有大量成功的经验，对国人颇有启迪。

劳动养成教育的欠缺不仅表现为生活自理能力低下，而且表现为贪图安逸，追求享受，忽视体力劳动，不爱惜劳动果实，存在依赖、懒散、拖沓、畏缩等被动消极的心理。造成劳动养成教育欠缺的主要原因有：

（1）独生子女家庭爱的泛滥。

如今的独生子女家庭呈倒三角形结构，即四个老人、两个大人和一个小孩。家中的长辈众星捧月一般围着孩子转，捧在手里怕碎了，含在口里怕化了，让孩子过着衣来伸手、饭来张口的生活。有的还唯恐服侍不周，对孩子不敢有丝毫的怠慢，为了孩子节衣缩食，勒紧裤腰带过日子，还越俎代庖在学习上包办一切——帮孩子整理书包，甚至到学校代值日。有的爷爷奶奶时不时给孩子送遗忘的东西，甚至将烧好的美味佳肴送到学校里来，舍不得让孩子吃一点苦，受一点累，实行"暖箱式"与"褓褓式"教育。

（2）万般皆下品，唯有读书高。

只要孩子能读好书，家务活完全可以不干，这是许多家长的共识。改革开放带来了经济的发展，一些小康家庭都请钟点工做家务，本身家里也没多少可干的家务活。在家长的观念中，孩子读书是最主要的。再加上应试教育的超重负荷，片面的教育目标的强化、目标的强化，使得人们单纯追求学习成绩，父母和老师生怕影响孩子学习而一路开绿灯，给予孩子特殊的照顾。

作为一位班主任，去指导家庭劳动教育，真的不是一件容易的事情。但办法总比困难多，这几年，我把指导家庭劳动教育列为德育工作的一个小课题，在这方面进行深入的思考，摸着石头过河，在实践中探索着、前进着。

1. 做好家长的思想工作，让他们明白经常做家务的孩子责任感强

我利用家长会、校信通、信件等多种渠道反复讲述家庭劳动教育的重要性。我曾把一篇论文的一个章节《家庭劳动教育对孩子全面发展的重要作用》读给我们的爸爸妈妈听。

家庭劳动教育对学生全面发展的重要作用

劳动是人类生存和发展的最基本条件，马克思说："任何一个民族，如果停止劳动，不用说一年，就是几个星期也要灭亡。"劳动作为人类生存于世界的一种活动，是每个人必备的基本素质。家庭是人生的第一课堂，劳动教育从娃娃抓起，从小培养劳动观念、养成劳动习惯，对人的全面发展具有重要的意义。

（1）家庭劳动教育有利于形成健康的人格。

从小树立劳动观念、养成劳动习惯，将影响孩子一生的成长。实践证明，从小做家务、热爱劳动的孩子能吃苦，对生活充满自信，人际交往能力更强。美国心理学家威兰特对波士顿地区490名孩子进行了20年的跟踪研究表明，爱干家务的孩子和不爱干家务的孩子相比，长大以后的失业比例为1∶15，犯罪比例为1∶10，爱干家务的孩子平均收入要比不爱干家务的孩子高出20%左右。从小培养劳动习惯，有利于孩子德、智、体的全面和谐发展，形成健康的人格。

（2）家庭劳动教育有利于培养身心两健的人。

家庭劳动教育是孩子参加家务劳动的一种实践活动，通过家务劳动可以让孩子的身体健康成长。医学研究证明，劳动是多种生理器官协调活动的过程，有利于改善呼吸和血液循环，促进肌肉、骨骼的发育，促进孩子的左右脑发育，对智力发展十分有益。法国著名的启蒙思想家卢梭认为,培养身心两健的人,必须在体力劳动中完成。在卢梭看来,劳动既可锻炼儿童的身体,也可以锻炼儿童的头脑,使其在"养成锻炼身体和手工劳动的习惯的同时,在不知不觉中还养成了反复思考的性情"。我国著名教育家陶行知主张培养儿童手脑双全、自立、立人的教育思想,培养"康健的体力,劳动的身手,科学的头脑,艺术的兴趣,团体自治的精神"。

(3)家庭劳动教育有利于锻炼孩子的意志品质。

独立自主、坚毅和自信是一切有成就者必备的意志品质,这样的意志品质只有经过长期的劳动磨炼才能获得。一般来说,劳动的过程也是体验成功的过程,它有助于历练意志品质。孩子在做家务劳动时会遇到许多困难和挫折,而这都是对孩子意志、能力的磨炼,每一次磨炼都会让孩子增强克服困难的勇气、抑制自身的惰性。在做家务劳动中孩子体验到了劳动带来的成就感,这种成就感的不断积累,就会形成独立自主、坚毅和自信的心理品质。

(4)家庭劳动教育有利于培养孩子的责任感。

责任感是一种态度,是道德评价最基本的价值尺度,人的社会化不仅要求人们学会社会生活的基本技能和社会行为规范,更重要的是培养社会责任感。家庭劳动能让孩子们在劳动中体验精神上的愉悦,学会关心他人,增强人与人之间的感情,这对现在的独生子女更为重要。孩子从小从事力所能及的家务劳动,就能在不断的实践中逐渐认识到自己在家庭中的地位,意识到自己作为家庭成员应该承担一定的家务劳动,并且逐渐养成为他人服务的意识。一个有责任心的人做任何事情都会很认真、很负责,一旦遇到困难,他就会凭借负责任的态度,发挥自己的最大潜能战胜困难。相反,一个没有责任心的人往往对自己的行为不负责,甚至不顾社会基本道德准则,做出唯利是图的事。

(5)苏霍姆林斯基的观点。

苏霍姆林斯基强调,劳动,即那种使学生的天赋、才能得以显露并使之产生自尊感的劳动,能在学生身上形成"可受教育的能力"、引起"做好人的愿望"、激发"道德自我教育"的要求。苏霍姆林斯基认为,"可教育性"这个不常用的词应当作为一个基本概念纳入教育学里。因为在他看来,教育的"最宝贵之点"就是形成"可受教育的能力",而"可受教育的能力"又具体表现为有"做好人

的愿望"、有"道德自我教育"的内在要求。那么怎样激起这种愿望和要求呢？

苏霍姆林斯基认为，其重要途径之一，就是让学生在劳动中表现自己，展现和发挥自己的才能，使之感到"有某一点可以自豪"，并同时产生自尊、自信、上进心。他说："道德的自我教育——即激发学生想做一个好人的愿望，实质上是从自豪感、自尊心、劳动的尊严感开始的。"他认为只有在这个基础上，学生才会成为"可教育的人"，才能敏锐地感受到长辈（父母、教师）和集体的道德影响，否则，长辈就将成为"无能为力的教育者"，长辈的话、长辈的教导和劝告都不会为孩子接受。

家长们通过留言反馈说：以后一定在思想上重视孩子的劳动教育，鼓励孩子多做一些力所能及的家务。一位奶奶在反馈栏中留言道：

许老师，读了你的文章，我感触非常深。我家小N从六个月开始，一直由我带。她从来没有洗过一双袜子……什么都是我在帮她做。我一直认为，一个孩子只要好好读书就可以了。当初他爸爸就是因为没有好好读书，导致现在生活不稳定。谁知道，我家孙女想方设法偷懒，要别人逼着，她才肯学习。今天看了你的文章之后，我恍然大悟。虽然我也是一位教育工作者，但自己变成奶奶后，就越来越糊涂了。我太溺爱小孙女了，从今天开始，我要好好反思自己对孩子的教育……

读着小N奶奶的来信，我的心被触动了。有时候，我们责怪家长们糊涂、溺爱孩子，不配合学校，但我们何曾开诚布公地与他们沟通过，好好地剖析给他们听呢？班主任要学会指导家庭劳动教育，开展丰富多彩的劳动活动，对学生进行强化训练，帮助学生习得劳动技能，并形成一种习惯。

2. 校园实践活动，培养学生的劳动能力

儿童心理学家皮亚杰说，技能是通过学习而习得的。在学校开展丰富多彩的劳动活动，有助于学生习得劳动技能，提高他们的劳动能力。

（1）班级卫生、大扫除活动。

班级是我家，卫生靠大家。班主任是进行劳动教育最直接有效的实施者。对

学生进行劳动教育，班主任可以先从班级卫生工作抓起，将扫地、拖地、擦窗等班级的卫生工作交给班上的学生负责，安排专人每天进行检查评比。每周或每月卫生委员进行卫生分的统计。在学期一开始就告诉家长和学生，班级卫生分排名靠后的学生，哪怕成绩再好，也没有资格进行其他项目的评比。这样可以把学生的劳动态度和劳动能力摆在举足轻重的位置上，促使学生重视这方面能力的培养，让他们体会到"劳动最光荣"。

（2）校园小义工活动。

建立校园小义工制度，即请中高年级的优秀学生自愿成立校园义工组织，利用早晨、午休等时间，胸前挂上小义工证，参与低年级班务的管理，比如帮助分午饭、分管操场包干区、协助校门口执勤等活动。可以在学期末对优秀义工进行表彰评比，这样可以提高学生的自豪感，同时也可以大大增加他们的劳动兴趣。

（3）野餐、包饺子等实践活动。

利用班会课、综合实践课或双休等时间，在校内外开展野餐、包饺子、制作寿司、制作水果拼盘等实践活动。可以给学生事先分好组，安排好小组长，请家长在家帮助学生提升厨艺，培养学生的劳动兴趣。

（4）社区劳动。

依靠社区教育委员会成员单位，建立公益劳动和社会服务点，学生可以定时、定点参加劳动。在中高年级成立红领巾服务队，可以组织学生宣传交通法规，到敬老院慰问老人，去福利院给孤儿送温暖，到社区义务劳动。

（5）整理书包、整理抽屉比赛。

经常开展整理书包、整理抽屉等比赛。笔者所在的学校将整理书包纳入一、二年级的游园活动，受到了家长的热烈欢迎。通过游园活动，家长也知道了，要让孩子自己学会整理书包。通过同伴的示范，让学生体验到"劳动最光荣"不是一句空洞的口号。

3. 指导家庭教育，让学生热爱家务劳动

教师可以利用开家长会或家访的机会，通过多种媒介，向家长传达这样的理念：热爱劳动、爱做家务的孩子，更能体会生活的艰辛和不易，也更有家庭和社

会责任感。平时要与家长加强沟通和交流,让家长不要只看重孩子的分数,而忽视了孩子的劳动教育;让家长明白,如果孩子成为一个高分低能的人,那将会阻碍他将来的发展。

(1)让孩子形成自我管理的意识。

家长应该告诉孩子,自己的事情自己做,自己的东西自己保管,培养孩子独立自主的能力。一旦给孩子自我管理的权利,那么孩子就会因此产生一种成就感,尽量去"处理好自己的事情"。在这个过程中父母要做到两点:第一,坚持到底,绝不妥协,哪怕因此出现一些小麻烦也要坚持让孩子自己想办法。第二,一定要全程协助,给予指点。因为孩子小,而且很多事情第一次做,所以会显得笨手笨脚,这就要求父母要有耐心。父母的角色是引导、协助,而不是包办、命令。

笔者坚持每天为孩子们布置一项家庭作业——为家长做十分钟以上的家务,并让家长在家校联系本上做简短的记录。第二天我会检查并批阅家校联系本,与家长及时沟通。这种做法得到了家长的支持和好评,调动了家长参与孩子劳动教育的积极性,真正使学校和家庭形成了合力。

(2)引导家长给予孩子赏识和耐心。

有的父母认为孩子年龄小,不会做家务;有的父母觉得孩子即使做了家务,也需要父母重新做,这样很麻烦,故不让孩子做家务。教师要引导父母,用赏识教育的方法来看待家务劳动。有相当多的家长认为赏识教育就是单纯地夸孩子,其实赏识教育不只是语言上的一味夸奖,还包括肯定孩子,给孩子力量,让他有勇气去战胜一切困难和挑战。父母在肯定孩子取得成绩的同时,也要指出其不足。

例如孩子洗衣服洗得不是很干净,而且还溅了一地水。这时家长既不要对孩子发火,也不要只夸奖孩子做得好。恰当的做法是这样的,家长可以说:"这件衣服你洗得不错,我相信你下次可以洗得更干净,而且可以更小心,不让水溅得到处都是。你说是不是呢?"只有家长给予孩子赏识和耐心,孩子才能越做越好。

(3)和孩子共同完成。

要让孩子明白,每个家庭成员都有义务做家务劳动,给全家人分配好各自的任务后,家长要和孩子共同完成,例如:爸爸妈妈负责做饭,孩子负责打下手;吃完饭爸爸负责洗碗,妈妈负责擦桌子,孩子负责把碗放到橱柜里。通过这种形

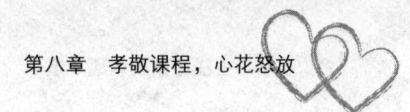

第八章 孝敬课程，心花怒放

式让孩子体会到自己的"责任"。

总之，劳动能力是学生成长的必备素质。在学校和家庭的共同努力下，劳动教育既可以培养学生学会感恩的情感，又可以教会学生劳动的技能，促进学生个体的发展。

四、开展孝敬主题班会

全国优秀班主任任小艾说："一个有智慧的班主任，善于运用多种多样的教育方式，给学生不同凡响的教育影响，以达到寓教于乐的目的。"其中，最为常见的育人方式就是召开主题班会。主题班会是一种集体性的教育，全员参与，群体行动。不可否认的是，在班级整体受益的同时，学生个体也会相应得到不同程度的教育。这种教育所产生的功效，又会进一步影响整个班级，形成一种良好的循环。

召开孝敬主题班会，是我经常做的一项功课。有时候，我会把全体家长邀请进我们的课堂，请家长说一说孩子年幼的时候，照顾他付出了多少的心血；请被评为"桐乡市十佳孝顺好儿女"的妈妈，当着孩子们的面来现身说法，讲讲她是如何做到几年如一日，照顾瘫痪的公公的……每一个孝敬主题班会，我总是想尽办法，借助家长资源，让家长能融进我们的课堂，融进孩子的心灵。

邀请全体家长进课堂，是一件考验班主任的事情。我采取的方式是，先让孩子向自己的家长（爸爸或妈妈均可）发出卡片邀请。然后我会和孩子们一起制作一张贺卡，让孩子亲自设计，卡片上有心形的图案和文字。然后，我再用粉红的纸将邀请书打印出来。

邀 请 书

101班家长：

　　本周四下午2:15，101班将进行"学会感恩，孝敬父母"主题班会。特别邀请您来到班级，与您的孩子一起参加活动。

　　温馨提示：本次活动将有家长和孩子手拉手的活动。您若不来参加，势必

> 会影响孩子的心情。请您无论工作多忙，务必安排好公务，准时参加。
>
> 您是否前来参加活动？是（　　　）否（　　　）
>
> 若无法参加，请说明原因＿＿＿＿＿＿＿＿＿＿＿＿＿＿＿＿。
>
> 　　　　　　　　　　　　　　　　　　　　家长签名：＿＿＿＿

邀请书的内容，我考虑了很久，因为当时红苹果班的好多家长是新居民或拆迁户，我担心有些家长不来，孩子会感到失落，故特意加上了温馨提示，并请不来参加的家长说明原因。一般来说，如果没有紧急的特殊情况，那么家长们都会准时来参加班会。

下面收录的是三个孝敬主题班队会的经典课例，第一个经典课例面向低段的孩子，曾向北京丰台区的中小学骨干班主任们展示，也曾应邀在广东佛山进行展示，反响都很好。本课例的亮点是邀请家长进课堂，从《小乌鸦爱妈妈》的故事入手，邀请家长讲一讲自己是如何照顾年幼的孩子的。记得当时邀请的是怡笑爸爸，他说当时没有老人帮忙，再加上孩子身体不太好，他们夫妻两人为了照顾孩子，常常彻夜不睡。怡笑第一回在课堂上听他爸爸这么说，在下面哭得稀里哗啦。当我问她听了爸爸的话有什么感受时，她说从来不知道爸爸妈妈为了照顾她，付出了这么多。其他的孩子、家长也都被打动了。

第二个经典课例被收录在丁如许老师主编的《魅力班会课：小学卷》中，是一个比较成熟的课例，曾在桐乡市少先队观摩活动上展示过。在最后一个环节"孝心银行"中，要求学生写下最想对父母说的一句话，最想为父母做的一件事，然后抽取五位孩子来朗读自己写下的心声，好几位孩子哽咽着读不下去，都为自己曾经的年少不懂事，伤害爸爸妈妈而后悔流泪……

第三个经典课例也被收录在丁如许老师主编的《小学主题教育36课》中，我在嘉兴名师的实践活动上展示过，是一节在"母亲节"前后所上的主题班会课。整节课感受了浓浓的母爱，并在"情景思辨"中让孩子们明白如何与母亲沟通，操作性、实践性都很强。

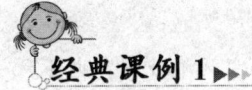

学会感恩，孝敬父母（低年级版）

【活动目标】

（1）懂得孝敬父母、知恩图报是中华民族的传统美德，在活动中获得真切的情感体验。

（2）结合班级孝敬活动的开展，深化教育内涵，把"学会感恩，孝敬父母"落实在行动中。

【活动准备】

（1）班级进步之星的评比。

（2）准备小品、诗朗诵、歌舞表演、故事等节目。

（3）邀请家长参加本次班会。

（4）事先请家长完成孩子在家表现的调查。

【注意事项】

本活动适合小学低年级，特别需要家长的全心参与。

【活动过程】

学生围成圆圈坐好，班长喊起立，全班同学面向班旗（上面有自行设计的班徽）一起高唱班歌《快乐的红苹果》。齐声喊班级励志口号：苹果丰收，全面丰收，超越自我，勇攀高峰！

班长：有了泥土，嫩芽才会长大；有了阳光，百花才会盛开。我宣布，中山路小学红苹果班"学会感恩，孝敬父母"主题班会现在开始，有请我们的班主任——亲爱的许老师闪亮登场——

第一版块：说孝敬，明孝行

一、《小乌鸦爱妈妈》故事导入

1.导语：我知道，孩子们最喜欢听故事了，下面请我们班的故事大王给大家讲故事，好不好？请大家仔细听哦！

（讲故事《小乌鸦爱妈妈》，出示图片和背景音乐。）

一天，一只小乌鸦从远处飞来，落在开满野花的路边，它既不吵闹，也不玩耍，它要干什么呢？只见它叼起一只大虫子，急急忙忙向来的方向飞去。

原来，小乌鸦的妈妈年纪大了，躺在巢里不能动了，再也不能为小乌鸦寻找食物了。小乌鸦叼来虫子喂给年迈的妈妈。就这样，小乌鸦飞来飞去，它自己又累又饿，但它把找来的虫子一只一只都喂给了妈妈。

多懂事的小乌鸦啊，多可爱的小乌鸦啊，人们不禁夸奖它、赞美它、歌颂它。

2. 导语：你觉得这是一只怎样的小乌鸦呢？你从哪里看出来呢？

生：这是一只爱妈妈的小乌鸦；这是一只懂得感恩的小乌鸦；这是一只会孝敬的小乌鸦；这是一只很讨人喜欢的小乌鸦……

3. 师：当小乌鸦还是小小小乌鸦时，乌鸦妈妈是如何照顾它的呢？

生：当小乌鸦生病时，乌鸦妈妈会照顾它；当小乌鸦肚子饿时，乌鸦妈妈会找来虫子给它吃；当有敌人靠近时，乌鸦妈妈会拼命赶跑敌人；当刮风下雨时，乌鸦妈妈会用翅膀为它遮风挡雨……

4. 唱《小乌鸦爱妈妈》。

师：是呀，乌鸦妈妈把小乌鸦抚养大多不容易呀，所以小乌鸦要报答乌鸦妈妈。多么懂事的小乌鸦啊，让我们一起用歌声来夸夸这懂事的小乌鸦，好吗？

二、感悟爸爸妈妈给予我们的爱

1. 师：孩子们，我们每个人都和小乌鸦一样，是在爸爸妈妈的关爱、呵护中渐渐长大的。今天，爸爸妈妈来到了我们中间，与我们一起参加这次主题班会，你们高兴不高兴？那就让我们说一说爸爸妈妈是怎样关心、照顾我们的？（学生自由畅谈。）

2. 师：现在我们已经是一年级的小学生，是位小大人了。在我们很小的时候，爸爸妈妈辛苦地养育我们。（出示宝宝一百天的图片。）请这位宝宝的家长来回忆一下，当时您是怎么照顾孩子的？宝宝刚学走路时，爸爸妈妈又付出了多少心血呢？

3. 诗朗诵《爸爸妈妈的爱》。

师：是呀，爸爸妈妈给了我们太多的爱，数也数不清，说也说不完，让我们用诗歌来感谢爸爸妈妈对我们的养育之情,好吗?下面请诗歌朗诵艺术团为大家朗诵《爸爸妈妈的爱》,让我们一起细细品味爸爸妈妈的爱。

爸爸妈妈的爱

男:每当我想喝水时,

　　爸妈总是争着倒好水后,

　　帮我吹一吹,

合:啊!爸爸妈妈的爱是解渴的水。

女:每天我疲惫地回家时,

　　爸妈总是微笑着前来拥抱我,

　　再问累不累,

合:啊!爸爸妈妈的爱是亲切的话语。

男:每当我睡着后蹬被子时,

　　爸妈总是不厌其烦地给我盖好被子,

　　还使劲掖好,

合:啊!爸爸妈妈的爱是温暖的被子。

女:每当我衣服脏时,

　　爸妈总是认真仔细地给我洗,

　　让我穿得干净整洁,

合:啊!爸爸妈妈的爱是散发着清香的衣服。

男:爸爸的爱,

女:妈妈的爱,

合:就像天上一闪一闪的星星,

　　数也数不清,

　　我就像那一朵美丽的云朵,

无忧无虑，自由自在——

师：同学们，让我们一起用掌声来感谢爸爸妈妈的爱吧——

三、闪亮的名字，闪亮的爱

导语：孩子们，爸爸妈妈不仅在生活上呵护我们，在学习上照顾我们，就连起一个名字，也饱含着爸爸妈妈对我们浓浓的爱。

1. 师：你的名字包含着爸爸妈妈什么样的期望呢？哪些孩子愿意与大家一起分享。（请孩子说说自己名字的含义，可以把孩子的名字写在卡片上。）

2. 吟诵《游子吟》。

师：爸爸妈妈的爱真是无处不存在。此刻，我不由得想起了这么一句古诗——谁言寸草心，报得三春晖。下面，我们一起起立，面向我们的爸爸妈妈，深情地吟诵《游子吟》。

（吟诵完后，请孩子们一起向爸爸妈妈鞠躬。）

第二版块：爱父母，见行动

一、学校孝敬日知识盘点

1. 导语：百善孝为先，孝敬父母自古以来就是中华民族的传统美德。我们中山路小学是敬老文明学校，学会感恩、孝敬父母是我们学校的德育主旋律。想考考你们，哪些是我们学校规定的孝敬日呢？（学生回答。）

2. 师：在这些孝敬日中你为爸爸妈妈做过哪些事情呢？（做贺卡、帮妈妈洗脚、捶背、干家务等。）

3. 出示课件：请问丁梓莹，你怎么想到给妈妈捶背、倒茶呢？（学生回答。）穿插歌曲《我的好妈妈》，与丁梓莹家长简短互动。

4. 快板《孝敬感恩牢牢记》。

师：真的，我们一个小小的举动就能让爸爸妈妈欣慰不已，让我们一起用行动来回报父母对我们的养育之恩吧。请欣赏快板《孝敬感恩牢牢记》。

红苹果，人人爱，以四心，为核心，

常问好，讲礼貌，让父母能舒心，

少撒娇,多帮忙,让父母会省心,
爱学习,爱劳动,让父母常开心,
求上进,听教导,让父母真放心。
爱父母,爱长辈,红苹果班级美名扬,美名扬!

5.展示在家表现的调查结果。

师:心动不如行动,用行动来证明我们是孝敬的好孩子,一直是我们班追求的目标。孩子们到底做得怎么样呢?许老师事先做了一次调查,我们一起来看。

在家表现	做到的人数
上学时跟父母说"再见",放学回家对父母说"我回来了"。	36
父母下班回来,热情问好,帮他们拿手中的东西。	22
吃饭时,帮父母夹菜。	36
看电视时,不霸占遥控器,先想到父母和长辈。	24
按时上学,努力学习,不用家长督促,独立完成作业。	24
听从父母的教导,不发脾气,不跟父母顶嘴,不让父母生气,不提不合理的要求。	24
能够记住父母的生日,并向父母送上祝福。	17
父母身体不舒服的时候,主动为父母递水送药,尽量陪伴在身边。	33
不玩危险的游戏,注意安全,知道保护自己,有事外出时先与父母打招呼。	40
帮父母做力所能及的家务事,比如扫地、洗碗、端饭等。	36

师:我们班有超过三分之二的孩子会经常帮爸爸妈妈夹菜;上学、放学会向家长主动打招呼;当爸爸妈妈身体不舒服时,懂得照顾爸爸妈妈;会做力所能及的家务事。

还有一些不尽如人意的地方,比如看电视时许多孩子喜欢做小霸王;做作业需要爸爸妈妈的催促;记不住爸爸妈妈的生日等。这些不理想的方面,希望孩子们以后多加注意。好不好？

同时我在这里呼吁所有的爸爸妈妈，希望你们能够转变观念，要教会孩子如何做人，拥有良好品格的孩子才能成为有用的人才！

二、为班级闪亮之星颁奖

导语：曾经让父母、老师操心的孩子，开始遵守纪律了；开始学会与同学友好地相处了；开始热爱学习了；做作业不再让爸爸妈妈操心了……所有的进步都是孝敬父母的一种表现。

前段时间，我们一起评选出了四位"闪亮之星"，他们不仅在家表现好，而且在学校的进步也很快。下面，请这四位"闪亮之星"闪亮登场。

1. 师：今天，我们很荣幸地请来了汤校长为大家朗读颁奖词。（汤校长读颁奖词时，班主任给"闪亮之星"戴红苹果头饰。）

"闪亮之星"颁奖词

一位曾经想逃学的孩子，让妈妈无比烦恼。现如今的钱盈，是那么的勤奋刻苦，热爱学习。钱盈一路飞速进步，书写了勤奋者的神话，更让她的妈妈备感欣慰！（钱盈）

两次把同学的鼻子打出血，这可不是开玩笑。现如今姚炜与同学友好相处，他的君子风范，让同学、老师都深深喜欢上了他，更是让爸爸妈妈乐开了怀。（姚炜）

曾经多少回，妈妈催促他做作业，可他呆呆坐着，与妈妈进行无声的对抗。日益进步的乐乐，一回家就拿出书本高声朗读，听着他有声有色的腔调，妈妈甜甜地笑了。（林余乐）

一位调皮的小女孩，好动、爱闹的身影曾经让老师、家长感到无奈，写字时的三心二意、速度如蜗牛，更是让妈妈的眉梢紧锁。现在，一个静字，一个快字，让可爱的字玮一天比一天棒！（范宇玮）

2. 师：你们的进步当中包含着家长多少心血和付出呢？此时此刻，最激动的该是我们的家长们。请四位家长上来拉着自己孩子的手，向自己的孩子说一句鼓励的话。

3. 请"闪亮之星"家长代表发言。

三、亲子活动：大手牵小手

总结：孩子们，学会感恩、孝敬父母是做人的基本要求，让我们从感恩父母开始，学会感恩老师、感恩同学、感恩祖国、感恩大自然吧！亲爱的家长们，在孩子成长的道路上，需要您温暖的大手的牵引，牵着他们走进校园，走向社会，走向美好的明天！

（请参加班会的家长们走到自己的孩子身边，和孩子牵着手，《只要妈妈露笑脸》旋律响起。）

师：让我们在歌声中手牵着手，在风雨中手牵着手，在阳光下手牵着手，一起勇敢地往前走——

（家长们牵着孩子的手慢慢走出教室，班会结束。）

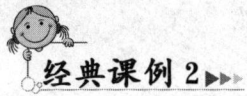

学会感恩，孝敬父母（高年级版）

【活动目标】

（1）懂得孝敬父母、知恩图报是中华民族的传统美德，在活动中获得真切的情感体验。

（2）紧密结合中队"孝敬月"活动的开展，深化教育内涵，指导践行，把"学会感恩，孝敬父母"落实在行动中。

【活动准备】

（1）每位队员给爸爸或妈妈写一封信，在中队中进行评比。

（2）提前进行中队孝星的评比。

（3）准备快板、小品、诗朗诵等表演。

【活动过程】

一、出旗仪式

1. 整理队伍，报告人数。

2. 出旗，敬礼。

3. 唱队歌。

4. 中队长讲话：亲爱的红日中队的队友们，大家好。"红日喷薄，光芒万丈"是我们红日中队的口号。（队员们齐呼："红日喷薄，光芒万丈！"）我们大家共同组成了意气风发的红日中队，要使红日喷薄，光芒万丈，需要我们每个队员的共同努力！（队员们齐唱红日中队队歌《红日喷薄》。）

十一月，是我们红日中队的孝敬月。在这一个月里，我们如火如荼地开展了一系列活动。比如，"感恩父母，从写家书开始"、"爱父母，见行动"在家表现比赛、"红日孝星"评选等一系列活动。有了泥土，嫩芽才会长大；有了阳光，才会呵护百花。现在我宣布：红日中队"学会感恩、孝敬父母"主题队会开始。有请两位金牌主持人。（A、B为主持人。）

二、引入活动

A：父爱就像一首田园诗，纯净、清淡。

B：母爱就像一幅山水画，洗去铅华雕饰，留下清新自然。

A：父爱就像一首深情的歌，婉转悠扬、轻吟浅唱。

B：母爱就像一阵和煦的风，吹去冬雪纷纷，带来春光无限。

A：爸爸妈妈给予了我们生命，他们用世上最无私的爱养育我们，使我们长大成人。

B：让我们齐背《小学生日常行为规范》中的第二条——尊敬父母，关心父母身体健康，主动为家庭做力所能及的事，听从父母和长辈的教导，外出或回到家要主动打招呼。

A：百善孝为先，孝敬父母是中华民族的传统美德，古往今来流传着许多孝敬父母的感人事例。

第一版块：听故事，说孝敬，明孝行

一、边说故事，边表演

（两名队员表演黄香温席的故事，一位扮演黄香，一位扮演他的老父亲。）

A：黄香小小年纪就为父亲暖被窝，请问卢秋阳同学，你在表演这个节目的时候，心里有什么触动呢？（学生回答。）

B：看了刚才的故事后，队员们还有什么想法呢？（学生回答。）

二、介绍孝敬长辈的事迹

A：队员们，你们知道吗？在我们身边就有这么一位孝敬长辈的好榜样，她就是"桐乡市十佳孝顺好儿女"的获得者——牟鑫妈妈，让我们来听听牟鑫妈妈是怎么孝敬长辈的。

B：坚持六年照顾哮喘的公公，是多么不容易啊。牟鑫同学，你是你妈妈孝行的见证人，请你来谈谈你妈妈获得"桐乡市十佳孝顺好儿女"的感受。（学生谈感受。）

A：其他队员听了后又有什么想法呢？（学生回答。）

B：如果我们的生活是一首歌，妈妈就是那美妙的音符。

A：如果我们的生活是一幅画，爸爸就是那艳丽的色彩。

B：父爱和母爱是最深沉、最美好的爱，也是最圣洁、最纯真的爱！

三、诗朗诵《父爱和母爱》

红日中队诗歌朗诵艺术团进行表演，朗诵时可以配上简单的动作。

女生1：爸爸妈妈给了我们多少爱？

女生合：无穷无尽的爱！

男生1：这爱加起来——

男生合：是一座高高的山脉，一片浩瀚的大海！

女生2：父爱和母爱——

女生合：是数不尽的爱！

男生2：父爱和母爱——

男生合：是写不完的爱！

女生3：我们在爱的海洋中——

女生合：得到幸福！

男生3：我们在爱的甘露中——

男生合：长大成才！

男女合：我们要报答，父爱和母爱！

第二版块：爱父母，见行动

一、孝敬月总介绍

A：我们红日中队的全体队员不做说话的巨人，行动的矮子。

B：谁言寸草心，报得三春晖。我们用行动来回报父母对我们的养育之恩。

A：十一月，是我们红日中队的感恩月。请欣赏快板表演《红日中队孝敬月》。

红日中队孝敬月

十一月，孝敬月，以八心，为核心：

常问好、讲礼貌，让父母舒心；

少空谈，多帮忙，让父母省心；

走正道，少是非，让父母放心；

求进取，多争光，让父母开心；

遇难事，多商量，让父母称心；

遇矛盾，能宽容，让父母顺心；

忌盲从，不糊涂，爱父母要真心；

重恩情，能迁移，对父母献爱心；

写家书，表恩情，给父母温馨；

爱父母，爱长辈，红日中队美名扬，美名扬！

二、电话连线

A：学会表达，才能让别人理解爱的感受。"感恩父母，从写家书开始"，是我们红日班走进"孝心月"的一个大型活动。

B：本次活动得到了全体队员、家长的热烈支持。

A：请特等奖获得者姜伊凡同学，通过电话来朗读写给她妈妈的书信吧。

（姜伊凡同学电话连线他的妈妈。）

B：亲爱的队员们，让我们经常拿起手中的笔，向父母表达心中最真挚的爱吧！

三、红日孝星事迹展

A:"红日孝星"评选又是我们红日中队走进孝敬月的一大活动。我们通过家长申报、老师初选、家长和同学投票的方式,评选出5名红日孝星。

(1)孝星颁奖词——请辅导员朗读颁奖词。

"鸟爱巢人爱家",姜伊凡深爱家里的长辈:好吃的留给太奶奶吃;见了爷爷奶奶老远就亲热地打招呼;外公外婆气恼时常有她舒心的安慰。细小的举动是甘露,时时滋润老人的心。她给家庭带来了幸福,诠释了"美满"的含义。(姜伊凡)

晚上,递上自己亲手制作的生日卡,映红妈妈的脸;中午,端上自己煮的饭,温暖妈妈的心。女儿的体贴是父母暖心的棉袄,陈媛媛伺候母亲不厌烦,孝心尽在无痕中。(陈媛媛)

《弟子规》中说,父母有过,应柔声相劝。刘学超心平气和地与长辈交流,彬彬有礼显修养。为忙碌的父母做"简单"的饭菜,"简单"的饭菜,不简单的爱,温暖了家长,温馨了家庭!(刘学超)

妈妈的开心,舒展在她洗衣服的瞬间,爸爸的微笑,绽开在她洗碗的刹那。"爹娘面前能尽孝,一孝就是好儿女",朱佳睿在父母的眼里,健康向上、朝气蓬勃地长大!(朱佳睿)

忘却自己,记住妈妈。一声"亲爱的妈妈,生日快乐"让我们看到"羊有跪乳恩,鸦有反哺义"。虽然爸爸失去了手臂,但袁佳的精心照顾,让父母的心头倍感温暖!(袁佳)

(2)请辅导员给孝星颁奖。

(3)请小记者对孝星进行自由提问。

四、孝心银行

A:亲爱的队员,让我们向这些孝星学习,以他们为榜样,拿出自己的孝心,开出我们的孝心支票,存进我们的孝心银行。(出示孝心银行的箱子。)

B:请大家拿起手中的笔,写下最想对父母说的一句话、最想为父母做的一件事。过一个月后,看看你的孝心银行里有了多少利息?

(学生书写,然后放进"孝心箱"。抽取5名幸运学生,朗诵他们写下的心声。)

A：一个月之后，我们再来打开孝心银行的箱子，看看这张孝心支票是否兑现，看看它能给我们的父母和我们带来多少快乐呢？

五、活动结束

1. 辅导员讲话：队员们，祝贺你们开了一次成功的队会。通过本次活动，你们学会了如何向父母尽孝心，希望你们用一颗感恩的心，从现在做起，从身边的小事做起，在家孝敬父母和长辈，在校尊敬师长，让中华民族知恩图报、孝敬长辈的美德世代相传。

2. 手语表演《感恩的心》。

A：让我们捧出55颗真诚的心，向父母献上《感恩的心》，用歌声来表达对父母最诚挚的爱吧！

B：让我们在美妙的歌声中结束本次中队活动。

六、退旗仪式

1. 呼号。

中队长发令："全体起立，呼号！"

辅导员："准备着，为共产主义事业而奋斗！"

全体队员："时刻准备着！"

2. 退旗，敬礼。

五月最美康乃馨

【活动背景】

但丁说，世界上有一种最美丽的声音，那便是母亲的呼唤。每一个人都沐浴着母爱——人世间最美好的情感，在浓浓的母爱中快乐长大。在母亲节前夕进行感恩教育，让孩子深刻体会母爱的伟大和无私，进而引导他们用实际行动来感谢妈妈对他们的爱。

【活动目标】

（1）知识目标：知道妈妈为了照顾我们的生活、学习，付出了很多辛劳和心血,体会母爱的伟大和无私。

(2)情感目标:认识和感悟妈妈的不容易,培养感恩之心,增进与妈妈的情感。

(3)行为目标:学会用具体的行动爱自己的妈妈。当与妈妈的意见不一致时,学会心平气和地与妈妈沟通,尊重妈妈。

【活动准备】

(1)填写母爱卡:妈妈最让我感动的一个细节或一个故事。

(2)准备音乐。

(3)制作绘本《爱心树》的课件。

【活动过程】

一、导入课题

师:孩子们,五月份有一个非常温馨的节日,是什么呢?

(学生回答:劳动节、母亲节、端午节等。)

师:温馨的节日当然是母亲节了。"母亲"这两个字,带给你什么样的感觉呢?

(学生回答:温馨、甜蜜、快乐、喜悦、啰唆、烦人等。)

师:大家的感觉可能有点不同,但大多数同学的感觉是美丽温馨的。这种感觉正汇成一首甜蜜的歌,在我们的耳边回荡。现在请听歌曲《妈妈的吻》。

(播放《妈妈的吻》的第一段歌词。)

二、分享故事,品味母爱

师:其实,每一位在座的孩子每天不都在享受着温馨的母爱吗?请各位拿出母爱卡,让我们和同桌一起来细数母亲带给我们的温暖和甜蜜吧!

(同桌分享——课前所准备的母爱卡。母爱卡记录的内容,有生病时母亲的悉心照顾,考试失败时母亲的温情鼓励等。)

师:看着许多同学甜甜的笑容,老师也觉得温暖极了。现在我想请同学们来做全班的交流。

(请2~3位学生与全班同学分享自己的感受,班主任及时捕捉交流的亮点。)

三、绘本引路,感受母爱

师:母爱,是世界上最伟大的爱。听了几位同学的讲述,我们深深地为之感动。有这么一个绘本故事让万千孩子为之动容。我们一起来欣赏绘本故事《爱心树》。（学生观看绘本故事《爱心树》。）

师：听了这个故事之后，你有什么想说的呢？

（学生回答：母亲太伟大了，为了孩子的快乐，心甘情愿地付出；这个孩子只知道一味地索取，而不知道付出；妈妈为了我们的快乐成长，无怨无悔地付出等。）

师：《爱心树》里的这个孩子一味地索取，而不知道回报。此时此刻，大家想对他说些什么呢？

（学生回答：你怎么可以这样，你也要想一想大树的感受……）

四、落实行动，现场调查

师：这一棵无怨无悔只知付出的大树，不就是最爱孩子的妈妈吗？这个孩子身上不也有我们的影子吗？孩子们，爱妈妈，见行动，让我们现场来做一次调查，看看你有没有用行动来爱你的妈妈。

（1）知道妈妈生日并为妈妈送上生日祝福的请举手。

（老师快速做统计，并相机简评。）

（2）每天为妈妈做力所能及的家务事的请举手。

（老师快速做统计，并相机简评。）

（3）妈妈生病时能递水送药、照顾妈妈的请举手。

（老师快速做统计，并相机简评。）

（4）努力学习，认真完成家庭作业，不让妈妈操心的请举手。

（老师快速做统计，并相机简评。）

师：好，看来我们班很多同学都会用实际行动来爱我们的妈妈，真好！

五、情景思辨

师：现在大家看下面的情景，我们一起来讨论。

1. 情景思辨题一：

双休日，我完成了作业，想玩玩电脑，听听音乐，放松一下，但妈妈坚决不让我玩电脑。此刻，我的心里开始冒火。

（学生回答：多玩电脑是不好，可以选择去运动；与妈妈约定，只玩1小时；

一定要守信用等。)

师：的确，玩电脑是许多妈妈所反对的。因为你们年龄小，还不善于控制自己。玩电脑不仅仅影响视力，而且没有节制地玩会影响学习成绩。可与妈妈约定：双休日做完作业后玩1个小时，并严格执行。现在我们来看情景思辨题二。

2. 情景思辨题二：

小张前两天收到好朋友小李的邀请，周六下午去小李家参加她的生日会。小张非常想去，但他妈妈坚决不同意，说这样容易分心。小张心里特别难过，情绪很低落，已经有两天不跟妈妈说话了。

(学生回答：与妈妈赌气不对；多站在妈妈的角度想想；告诉妈妈自己非常想去，并向妈妈允诺以后一定事先商量等。)

师：其实，妈妈不同意小张去同学家参加生日会也有道理。的确，这样容易分心。小张可以心平气和地与妈妈沟通，如果妈妈还是坚决不同意，我建议要尊重妈妈的意见。因为这样的机会以后还会有。如果与妈妈赌气不说话，那样伤了自己也伤了妈妈的心。现在我们来看情景思辨题三。

3. 情景思辨题三：

妈妈下班回来后莫名其妙地朝小甜发火。小甜生气了，与妈妈狠狠吵了一架。

(学生回答：小甜应问问妈妈是不是工作上遇到不开心的事了；平时多与妈妈沟通等。)

师：妈妈莫名其妙地朝小甜发火，的确做得不妥，但换一个角度想想，妈妈是否因为工作不顺或遇到了不开心的事而发火呢？我们要理解父母，体谅父母，平时多加强沟通。

六、总结全课

师：(出示康乃馨的图片)孩子们，这是什么花呢？(学生回答。)

师：这是康乃馨。你们知道康乃馨的花语是什么吗？康乃馨的花语是真情、母亲我爱你、不求代价的母爱、母亲之花。现在，康乃馨成了母亲节最受欢迎的鲜花。

五月最美康乃馨，通过本节课，我们学会了如何向妈妈表达我们的感恩之心。我提议在母亲节那天,我们怀着感恩的心向妈妈献上一枝康乃馨;我还提议我们要从身边的小事做起,用自己的行动回报妈妈、爸爸,让中华民族知恩图报、孝敬长辈的美德世代相传。让我们在《妈妈的吻》中结束本次主题班会吧。

(播放《妈妈的吻》的第二段歌词。)

因为班级孝敬课程,孩子们在家变得越来越懂事和体贴,越来越有责任心,亲子之间也越来越默契了。家长会分外认可班主任的用心和付出,家长对学校的认可度越高,家校之间沟通的效度就会越好。每带一个班,我总是把孝敬班本课程当成与家长有效沟通的法宝,这种做法屡试不爽。

第九章　特别沟通，心平气和

家长群体十分复杂，每位家长都有不同的学习经历、不同的职业背景、不同的生活阅历、不同的性格习惯，因此他们对教育的认识，对孩子的教养方式都存在差异，与老师的沟通方式也各有特点。

俗话说，江山易改，本性难移。每个人的性格一旦形成后就很难改变，不同性格的人看待问题和处理问题的方式也都各异，班主任要学会"因人制宜"的沟通技巧。面对不同的家长，采取不同的沟通方式。只要班主任的工作得法，大部分家长都是很好相处的。

面对不同性格的家长，班主任需要调整心态，设身处地地考虑家长的一些特殊言行背后的情感和情绪因素，巧妙、积极地给予正面的回应，宽容大度，不斤斤计较，学会换位思考，以心换心，靠真诚与人格魅力赢得家长的尊重和信任。本章主要针对急躁易冲动的家长、隔代抚养型家长、单亲家庭的家长、不关心孩子学习的家长、不理解班主任的家长，进行详细的分析。

一、面对急躁易冲动的家长

对于孩子的学校生活来说，家长并不是第一见证者。学校里的一些规章制度家长不是很清楚，但是性格急躁的家长遇到"问题"时，常常没有耐心了解事情的真相，只相信自己的感觉或者孩子回家后的反馈，不考虑由于家长与教师之间的信息不对等带来的认识误区。只要孩子哪里"不对劲"或者"不称心"，家长就把责任归为教师或学校失职，于是冲动地做出一些过激的反应。比如，以问责的语气与老师对话，或者直接武断地评判一件事情。面对类似情形，教师如何不受家长的负面情绪的感染，拿捏好说话的分寸，化干戈为玉帛，进行有效的沟通呢？这需要涵养，更需要智慧。

1. 保持冷静，换位思考

与性格冲动的家长打交道，尤其是面对家长的过激言行时，班主任一定要保持克制和冷静。此外，还要带着同理心，学会换位思考，客观地理解当事人的内心感受，并把这种理解传达给当事人。换位思考是建立良好人际关系的重要条件，也是两者之间建立良好沟通的首要条件。班主任在与家长沟通时，首先要站在家长的立场去理解对方，其次要了解导致出现这种状况的原因，最后要让家长感受到你真诚的态度。

2. 避免冲突，巧妙提醒

要想达到有效沟通的效果，我们不能一味地避免冲突，更重要的是解决问题，让家长意识到教师的智慧和善意。在与急躁的家长沟通时，班主任可以这样说："我理解你的心情，理解一位爸爸（妈妈）的心。"然后委婉地告诉家长，为了孩子更好地发展，让我们先静下来，想一想如何处理。我曾经遇到这么一件事情：有一天放学送完路队，家长都把学生接走后，我就回办公室了。没多久，一位爷爷容光焕发地抱着一只小狗闯进来，大声地问我："许老师，你看到我家小 B 了吗？"原来是小 B 的外公找来了。

"小 B？小 B 应该出去了！教室里已经没有孩子了！"我说。

"不是 16:30 放学吗？"他问。

"今天是 16:10 放学，几天前就通知过家长的。"我说。

"啊？你们老师怎么回事？提早放学也不说一声呀！小孩找不到的话，就拿你们是问！"原来，他已经找过外孙女两趟了，可还没找到，就有些发火了。这位外公不分青红皂白就训斥老师，我还是头一回遇见。

"你不要急，小 B 外公。你家小 B 这么乖，肯定不会自己走丢的。我们一起去校园里找找看！"我平静地对他说。当时，我的内心也有一阵火气，很想发泄出去，但想着老人家来来回回跑了两趟，都没找到宝贝外孙女，又急又累，也情有可原。于是我急忙带着小 B 外公去找孩子，原来小 B 上厕所去了，难怪她外公一直没找到她。当看到外孙女的那一刻，小 B 外公尴尬地对我说："许老师，刚才我有点着急，难为你了！"

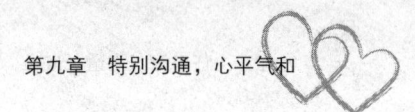

第九章 特别沟通，心平气和

"理解，理解！孩子没事就好！"我告别小B外公后回办公室了。我想，当时幸亏沉住气，马上换位思考了一下，这才避免了一场冲突。

3. 不计前嫌，不带偏见，对孩子一视同仁

一般来说，一个人在生活中与另一个人发生冲突之后，心里总会产生一些隔阂，担心是否给对方留下了阴影。而性格冲动、有偏执倾向的人还有一个特点，那就是疑心较重，爱用怀疑的眼光看待别人。当家长与老师在沟通中发生一些"不愉快"的事情时，家长最担心的就是教师会对他们的孩子产生偏见。因此班主任要尽量避免把自己的情绪转移到孩子身上，要不带偏见、一视同仁地对待所有的孩子。当家长看到班主任没有私心，依然对他的孩子关心负责时，孩子能感受到这份温暖，慢慢地，家长也会不计前嫌，和教师的关系再次变得融洽。

我的案例

家长在电话中朝我怒吼

下班后我正匆匆骑车赶回家。正要过红绿灯时，我听到包里的手机在响。于是立刻掏出手机接听。

"许老师，明天到底穿什么颜色的裤子，他们两个一个说穿蓝色的，一个说穿黑色的，真是搞不懂。"电话那头传来一阵猛烈的火爆声音。哦，原来是小Z妈妈。

"黑色啊！"我连忙说。这几天感冒，嗓子发炎，几乎说不了话。

"我真受不了了，这两个孩子总是吵架。我快被子涵的妈妈逼疯了，上次给我打电话打了半个小时，总要叫我打电话给子涵的爸爸，我真受不了了……"电话那头，小Z的妈妈连珠炮似的说个没完。

"深颜色的也可以。"我低声说。

"她叫我发信息给你，说你嗓子疼没法说话。算了，算了，不跟你说了，再见！"还没等我反应过来，她早已不耐烦地挂了电话。我一时愣在那里，嘴巴张成了一个大大的O形，这位妈妈真是有点莫名其妙。估计今天这位妈妈的心情又

比较差吧，我暗自思忖。

这位妈妈原先在当地的民办学校教书，为了自己的宝贝女儿，现在辞职在家做家教，带几位学生，顺便也有时间管自己的孩子。可是，她的宝贝女儿每次考试都处于中等水平，基本上属于老牌的八十几分。班上另外两个晚上由她辅导作业的孩子——小盈和子涵，也考得一塌糊涂。特别是子涵，自从在她家全托之后，几乎没有一回考好过。子涵的家长认为花了钱，专门请了辅导老师辅导孩子的功课，孩子成绩依然没有起色，那肯定是老师没有辅导好。我可以理解小Z妈妈的心理压力。但无论如何，向我这位班主任发火，也是不妥当的。

我带着郁闷的心情回到家中，就被先生烧的美味佳肴吸引住了，吃完饭，感觉心里的不快也基本消散了。吃好饭，正准备去散步时，我收到这么一条信息：

许老师，对不起！刚才吼的不是你，而是两个彼此仇人样的小孩。我已经对子涵父母说了下个月让他别来了，但是子涵父母没有什么反应。她妈妈曾当面说因为我管得不严，所以孩子成绩不好。对不起，我快被他们逼疯了，实在受不了了。我刚刚丢了手机，这是新号还没告诉你。麻烦许老师了，小Z懒散这一点像我，望老师原谅。祝老师身体健康！

哦，看完她的信息后，我才恍然大悟。有一件往事也随之浮现在了我的眼前。

开学第一天，我就认识了小Z妈妈。她身材微胖，戴着一副金丝边眼镜，颇有书卷味和女性的气质。她告诉我，她在民工子弟学校教一年级，并指着自己的孩子——一位胖乎乎的小女孩，说："这是我女儿，老师以后有什么活儿，尽管让她做。"

教书的妈妈带出来的孩子应该很优秀吧？我对这个女孩充满无限期待。要知道，班里大多数孩子的家庭都属于新居民或拆迁户，这些孩子在学习方面的基础几乎都比较差。

没想到一学拼音，小Z就让我大跌眼镜。她怎么也学不会拼音，第一单元只考了58分，让我对这个小女孩有了更深的了解。再加上她活泼好动，不遵守纪律，因此在学校第一次发展一年级的新队员时，小Z没有进入学校提供的20个名额。我清晰地记得，入队仪式后的当天晚上，我收到小Z妈妈的质问短信，说

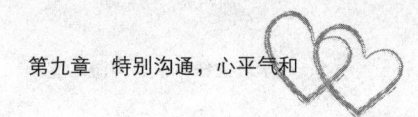

评少先队员是不是就凭成绩呢？我看完火药味十足的短信后，委婉地向她说明了原因。

后来我在做家务时手机响了，小Z妈妈又打来了电话。她在电话那头说："怎么可以这样呢？孩子没戴上红领巾，那不是品质有问题吗？我家孩子这么善良，这么可爱，怎么可能有品质问题呢？她只是成绩差一点，那跟入队又有什么关系呢？"

我再次告诉小Z妈妈，主要是受学校名额的限制。过段时间学校还会发展第二批队员，不用着急的。我试着引导她从另一个角度看待这件事情。她在电话那边不停地抱怨和发牢骚，说不赞同学校的这种做法，要向校长打电话投诉。

我在电话这头只是听着，并尽量克制自己的情绪，不断地说着："我很理解一位妈妈的心，你不用着急，过一个月，小Z也能戴上红领巾。"在我的一番劝说下，她的情绪稳定了许多。小Z妈妈告诉我，小时候她读书成绩一直很优异，但是大专毕业后，找不到更好的工作，最后才去民工子弟学校当老师，一个月的工资只有1000元……

从此以后，我更了解这位妈妈了。她把自己没有实现的愿望，全都寄托在了孩子身上，因此对孩子的要求也特别高。我对她直率的个性也多了一分理解。

虽然发生了不愉快的事情，但是我从来没有鄙视过小Z，而是尽量呵护她，关心她。后来小Z当上了收取作业的组长。在她妈妈的努力下，小Z的成绩渐渐有所提高。尽管她妈妈的火暴脾气，让我曾一度受了很大的委屈，但转念一想，小Z妈妈天生脾气暴躁，再加上爱女心切。我时时刻刻提醒自己不要被情绪左右，要一如既往地对待小Z。

孩子慢慢也在进步，成绩更是一天比一天好。而我这位班主任的用心和真诚也感动了这位妈妈。每年教师节，小Z都会给我送一束鲜花。有一次她妈妈还送来了自制的丝绵，以示感谢，我们也成了真挚的朋友。

沟通之道

（1）班主任要跳出问题看问题。

显然，案例中小Z妈妈性格比较急躁，遇事容易冲动，习惯站在个人的立场

看问题,还爱抱怨、猜疑或问责他人,不听他人的劝说。在人际交往中,我们会遇到很多不善于管理个人情绪、有偏执倾向的人,有类似性格的家长也不足为奇。

从这个案例我们还能看出,当孩子在学校遇到事情后,性格冲动的家长首先想到的是向老师问责,而不是考虑如何解决问题。这也是此类型人一贯的处事方式。班主任要认识到家长并不是与自己过不去,而是性格使然。认清这一点后,就比较容易跳出问题看问题。这样班主任在处理问题时,自然就会减少很多对立的情绪。其实,和这类家长打交道比较容易,因为他们遇到事后会立即表现出来,事后又常常后悔。班主任在沟通的过程中要表现出豁达与真诚,事后让家长自己看清问题所在,这比班主任说什么都有效。

(2)保持同理心,急家长之所急。

冲动的家长多是急性子。家长正在发脾气的时候,班主任不要逆风而上,而要保持同理心,急家长之所急。班主任可以这样说:"你说得很有道理,若换做我是孩子的爸爸(妈妈),我也会很着急。你的心情我非常理解。"听到班主任这样说,家长也会渐渐地平静下来。等他平静下来之后,再进行沟通就很容易了。上面案例中小Z的妈妈,后来与我一直保持着良好的关系。虽然我只教了小Z四年,但我调到北港小学之后,小Z的妈妈还经常请我去她家喝茶,跟我谈孩子的教育问题。

二、面对隔代抚养型家长

在当下中国,受传统文化、家庭经济收入等诸多因素的影响,隔代抚养成为十分普遍的现象。据北京市教育委员会学前教育处统计,北京市0～3岁的入托率只有12%,至少有一半以上的家庭是隔代抚养。在农村,这种情况更为普遍,几乎70%以上的孩子都是隔代抚养。

著名青少年问题研究专家孙云晓曾指出,今日的中国进入了"独一代"养育"独二代"的全新时代。2016年,国家全面放开了生育二胎政策,"独二代"现象也许会伴随着家庭出现第二个孩子有所改善。但是相当多的年轻人,因为抚养一个孩子付出的精力、花费的成本都巨大,而选择只生一胎,故"独二代"现象还将长期存在。孙云晓指出，独生子女家庭重智轻德，忽视孩子良好习惯的培养。这与"独一代"父母自身成长的经历有关。这些"80后"父母曾经也是家里的"掌上明珠"，自身的生活习惯和生活技能相对较差，同时他们又接受了很多平等、民主、自由的思想，容易忽视孩子习惯的培养。

因为"独一代"父母自身的特点，"独二代"交给祖辈抚养，这样三代同堂的家庭，很容易在教育孩子的问题上产生矛盾。班主任跟这类型家庭的家长沟通时，要注意以下几点。

1. 巧做双方工作，传递再忙也要陪孩子的观念

隔代抚养的家庭，平时大多都是祖辈与教师直接联系。但需要与家长沟通孩子的教育问题时，班主任依然要尽量与孩子的父母直接取得联系。祖辈都会对孩子的生活、学习表现出分外的关心，班主任要用委婉的语气，告诉他们隔代教育的弊端，可以列举一些身边的例子，真诚地告诉祖辈家长，该放手时要放手，让年轻的家长再忙也不能忽略孩子。同时，还要引导年轻家长在忙着工作、享受生活的同时，不要忘记关心孩子的成长。祖辈帮忙带孩子，照顾孩子的生活起居，已经减轻了家长的很多负担，而教育孩子的职责是父母之外的其他人无法代替的。

2. 善于利用网络，加强沟通

在工作中，我们一方面要对平时忙碌的年轻父母的"撒手不管"表示理解，另一方面要学会主动地与他们取得联系。现在的通信比较发达，比如，利用QQ、微信、邮件等交流，都是年轻父母喜欢的沟通方式。可以适时以图文的形式向他们"汇报"孩子在校的学习和生活等情况，让家长及时了解孩子的情况。还可以通过建立班级博客、发布班级动态、推荐优秀家长的做法等，让家长了解自己孩子的情况，同时还能从班级活动中得到一些教育启示，这些都不失为好的沟通方式。相信没有哪位家长在时刻感受到教师对其的关注时，还会表现出对孩子漠不关心的样子。

3. 及时传递名家、优秀家长的育儿观

现在的网络通信非常发达，微信朋友圈里经常看到大家转发育儿文章。班主

任可以通过班级QQ群、微信群,发送一些家庭教育方面的文章,推荐家长阅读,比如龙应台的《做父母的有效期,最不该偷懒那十年》。可以将类似的佳文重点推荐给平时以工作忙为理由,而不怎么过问孩子的年轻家长。另外,还可以利用家长会、家访等方式,推荐一些优秀家长的做法,让年轻家长的心灵受到触动。

4. 让年轻父母认识到家庭教育存在分歧的危害

其实,隔代抚养还有一个更大的弊端,那就是祖辈与父母的观念不一样,因此在教育孩子的问题上存在分歧。祖辈一生经历了很多风风雨雨,到老了该享受天伦之乐,他们对孙辈的要求、习惯的培养等方面的意识并不高,因此宠溺孩子的现象更为严重。故大家都说,再能干的爷爷奶奶也很少能带好孙辈。如果班主任发现隔代抚养的家庭中,存在教育分歧的现象,那么就要主动与年轻父母交流,让他们认识到家庭成员之间的意见不一致,会给孩子的成长造成负面的影响。在沟通时注意"一分为二"地看待孩子的情况,尤其不能把孩子的问题简单地归为"祖辈溺爱"。

这样一个"特别"的孩子

一

学校午睡实行自主管理。第一周由双导师进班管理,从第二周开始,由孩子们自主管理。我不放心就从躺椅上爬起来,到教室里查看。只见教室里的孩子们有的在窃笑,有的在挥舞着手脚,有的在小声说话……当然,他们的动作都十分轻巧,声音也很小,显得有些压抑。他们的心情,我倒可以理解。

最令我瞠目结舌的是,小Z同学身子趴在桌子上,两只手臂顺着桌子垂下来,几乎要碰到地上了。他的两只脚在空中不停地摇晃,犹如两只飞舞的蝴蝶。两位

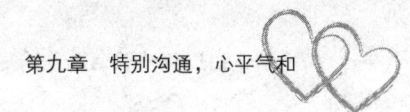

负责管理的小女孩正站在他的桌子边,小声地劝告他:"快呀!快点睡好!"他丝毫没有一点儿好好睡觉的样子,身体晃动得更厉害了……

二

后来,小Z的本来"面目"全都暴露无遗:他的字写得歪歪扭扭,不成样子,几乎认不出来。上课时,他的身子不停地在扭动,没有一个孩子愿意和他做同桌。最要命的是,他天天都拿同学的文具,之后也不主动还给同学。为此几乎每天都有孩子气急败坏地跑来告诉我,小Z不经过同意拿了别人的文具,还不还。他没有一次认真做过眼保健操,要么睁大眼睛随便用手比画一下,要么等到眼保健操的音乐声快结束了,他才从厕所里匆匆跑出来。最要命的是,只要老师不在教室,他就会发出一阵怪异的叫声,或者做一些奇怪的动作,引得全班同学都哄堂大笑……他的不良行为习惯,列举半天也说不完呀。

想改掉他长期积累的坏习惯,真的是一件非常困难的事情。

后来我利用各种方法——表扬、批评、谈心,可都不奏效。

三

我十分好奇,究竟什么样的家庭会教育出这样一个"特别"的孩子。

每天负责接他放学的是他的外公。他的外公精神矍铄,眼睛炯炯有神,是一位大约60多岁的退休老人。他很和蔼,常常主动询问孩子的情况。每次我跟他反馈孩子的情况,他都很耐心地听着,从不会为自己的外孙辩解。记得王晓春老师说过,面对问题孩子,我们首先要了解孩子7岁之前主要是由谁带的。在与孩子外公的交流中,我知道了,这个孩子从小就是由外公、外婆带大的,他的爸爸妈妈基本不管孩子,是标准的隔代抚养型家庭长大的孩子。我对他外公说:"这样下去怎么行呢?你们的年纪越来越大了,爸爸妈妈应该多管教孩子!"外公听了我的话之后,答应让女儿、女婿多管管孩子。

我与小Z妈妈多次打电话沟通,希望她无论工作多忙,都要多陪陪孩子。从电话中可以听得出,这是一位性格直率的妈妈,说话礼貌客气。孩子若在校制造

了什么麻烦，她总是满怀歉意地对老师说："辛苦了，麻烦你了。"

小Z这个孩子很聪明，他与我之间的距离也在慢慢拉近。大多数时候，我找他聊天谈心，问他为什么这么做时，他也说不出个子丑寅卯。有一天，品德课上需要张贴一张全家福。突然，他对我发出了一声感慨："许老师，我好可怜呀！""为什么这么说呢？"我随即问。"我妈妈只养了我九天，就把我送到了外公、外婆那里，你觉得我可怜吗？"他回答说。"噢，那的确有点可怜。"我摸着他的头对他说。全班孩子听到我们的对话也不约而同地笑了。我又对他说："不管怎么样，你妈妈把你带到了这个世界，再说，她也没有不管你呀。"

有一次，小Z因为调皮贪玩，把同学小甜价值不菲的眼镜摔坏了。小甜爸爸后来带他去重新配了镜框，花了400多元。没想到一个眼镜框竟然这么昂贵。第二天小Z妈妈来到办公室付钱，这也是我第一次见到小Z妈妈。只见她满脸笑容，一副慈眉善目的样子。她与我打过招呼，正好看到小Z也在办公室，就满脸微笑地对儿子说："小祖宗，你不乖一点呀！看你长得这么帅，怎么这么不懂事呀！"小Z妈妈的一番话让我颇为惊讶，赔了这么多钱，她妈妈竟然没有一点生气的样子，看着儿子，眼睛里透出来的都是笑意。不当着别人的面批评孩子，可以理解，但至少也应该让孩子知道这件事情做得不对吧。平时小Z外公说女儿宠孩子，可想而知，还真是宠到家了。

后来，我时不时地给小Z妈妈在QQ上留言，发一些亲子教育方面的文章，告诉她一定要亲自带孩子，不然父母在孩子心里是没有威信的。在我的感染下，小Z妈妈每天下班后，先到小Z外公、外婆的住处，陪伴儿子。

小Z慢慢有了更大的进步，最明显的是我所教的语文课。其他任课老师反馈小Z的情况不是很理想，与同学相处有进步，但需要改进的地方还很多。这个孩子愿意接近我，时常在下课时找我聊天。我一直在寻找彻底打开他心灵之门的那把钥匙，可一直没有找到这样的机会。

四

班级家谊会要组织烧烤，小Z也报名了。但在前一天下午，我接到他妈妈的电话，说她要去人民医院做手术，刚跟医生约定了时间，因此没法参加这次

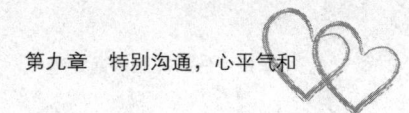

第九章 特别沟通，心平气和

活动了。

上班后，我把小Z叫到走廊上，具体询问他妈妈的情况。我告诉小Z，每一位妈妈都值得尊重，并与他约定周末跟他一起去医院看望他妈妈。"啊？许老师你要去看望我妈妈呀？"孩子的眼中流露出一丝惊讶和疑惑。

周六上午，我买了一些食品，和他一起去人民医院看望他妈妈。整个过程中，我不时抓住机会跟小Z聊天，也让她妈妈多保重身体。

正是从那次开始，我彻底打开了孩子的心门。某日，他又拿了同学的铅笔，同学愤怒地喊着他的名字，追赶着他。我把他叫到走廊上说："小Z，我真的挺喜欢你的，你能不能对我说句实话，你这样开心吗？为什么总要拿同学的文具呢？"没想到，他一边流眼泪一边说自己内心很痛苦，有的时候甚至一个人偷偷地躲在教室边的走廊上哭。

我紧接着问他："那你实事求是地告诉我说，为什么要这么做呢？为什么要去做这些同学讨厌你的事情呢？难道你拿了别人的铅笔，别人追你，你就感到很开心吗？"

此刻，他才告诉我，因为没有朋友，同学都不愿意跟他玩，所以拿了别人的笔，好让同学来追他。这样他觉得同学就理睬他了，他心里也感到满足了。当老师在时，他做出莫名的事情，令全班同学发笑，让老师发怒，这样可以引起大家的注意，他觉得这也是好玩的事情。

听完他的话语，我一字一句地告诉他："你完全想错了。这样做，你只会让老师更讨厌你，让同学更嫌弃你，你知道吗？你越这样做，同学会越看不起你。"他听我这么一说，脸上露出恍然大悟的表情。

五

怎么让这个孩子赢得自尊感呢？通过什么方法能让他获得自信呢？这个孩子真的很聪明，学什么都很快，但就是缺乏耐心。后来，我发现他的毽子踢得特别好，可以说是班上数一数二的高手。毽子在他的双脚上，犹如一只翻飞的蝴蝶，上下起舞。

为了激发他的自信，我在班上特意举办了一次踢毽子比赛，他与小怡并列第

二名。我隆重地给这次比赛的前三名颁发奖状。这样,小Z获得了代表我们班进行比赛的资格。

赛前,我反复鼓励他说:"看你多能干呀,能代表我们班在学校进行比赛,要好好表现呢。"他那段时间努力地训练着,一副摩拳擦掌的样子。

比赛那天,他告诉我在家一直训练到了九点多,争取能获得好名次。为了鼓励他,也为了提醒他,我全程陪伴在他身边,从预备动作开始一直到正式比赛,我一直在边上给他拍照、鼓劲。他果真不负所望,最后光荣地获得了全校第五名。后来我隆重地为他颁奖,以书作为礼物,并封他为小水滴班的"毽子王子"。

六

就这样,他的心门打开了,找到了自己在班级的位置。在我的指引下,他没有像以前那样顽劣,而是主动帮助同学,跟同学相处得也越来越和谐了。我每次出差回来,他都会对我说:"许老师,好想你呀!"看到我后,就像孩子看见妈妈一样来拥抱我。

他的爸爸妈妈在我的影响下,也愿意花更多的时间陪伴他。同学都对他的变化表示十分惊讶,纷纷在作文中赞誉因为我的"足智多谋",所以才让令人头疼的小Z同学有了巨大的改变。

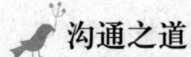
沟通之道

(1)想办法赢得孩子对妈妈的尊重。

隔代家庭成长起来的孩子,因为父母很少花时间陪伴孩子,所以孩子往往与外公、外婆或爷爷、奶奶更加亲密。父母的地位在他的心中不是很高,父母的话也往往听不进去。一方面孩子会羡慕其他经常有父母陪伴的孩子,另一方面他在渴望自己父母陪伴的同时,又带有一些愤恨的心理,有一种爱恨交加的复杂情感。

班主任应该告诉孩子,每一位妈妈(爸爸)都值得尊重,不管怎样,是他们把你带到这个世界上的。上述案例中的小Z妈妈生病后,我陪小Z主动去看望他

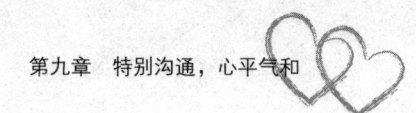

的妈妈。我这样做让孩子觉得意想不到。由于我对他妈妈的尊重,因此赢得了他对妈妈的尊重。他们母子两人的关系也因此更加亲近了。

（2）与长辈沟通,教育孩子不要越位。

据我了解,在隔代抚养家庭,一般强势的长辈占大多数。当孩子小时,觉得年轻的女儿或媳妇不会管孩子,于是趁自己年纪不是很大,对孩子的事情完全包办代劳。当然,也存在少数年轻的父母忙生计,直接把孩子留在老家,很少过问的现象。

班主任若能与孩子的长辈真诚沟通,告诉他们教育孩子的责任主要在父母,谁都代替不了爸爸妈妈的爱,长辈要时刻注意自己是否越位。父母越早回到孩子的身边,对孩子的身心发展就越有利。长辈会过分宠溺孩子,因此教育出来的孩子大多生活习惯较差,也存在较多问题。这时,班主任真诚地进行沟通,孩子的长辈还是能听进去的。

（3）亲子活动时,多与年轻父母沟通。

班主任要多与不怎么陪伴孩子的年轻父母沟通,特别是在亲子活动时刻,提前告诉孩子,没有特殊情况,父母都要准时参加。在亲子活动时,可以找机会与年轻父母当面沟通。比如,可以告诉父母,孩子的内心其实特别渴望爸爸妈妈的陪伴。可以把与孩子沟通的情况,以及孩子通过写作文流露出的内心渴望,告诉他的父母。许多不太陪伴孩子的父母,听到孩子内心的真实想法后,都会产生内疚感,慢慢也会改变自己的生活状态,好好陪伴孩子。

三、面对单亲家庭的家长

随着社会的发展,我国离婚率持续居高不下,特别是在一些经济发达地区,有的班级有将近十多个孩子来自单亲家庭或是再婚家庭,这是一个比较特殊的群体,不得不引起班主任的重视。

一般来说,与正常家庭的孩子相比,单亲家庭（重组家庭）的孩子心理状况较复杂,他们敏感、多疑、孤独无助,部分孩子会有孤僻和自我封闭的状况。特别是已懂事后的孩子,因父母离婚,孩子的心理会变得更为复杂。他会因失去某一方的爱而异常渴望得到另一方的爱,进而迁怒于他的母亲（父亲）。小小年纪

就承载着过重的心理压力,有时候就会做出一些过激的行为。班主任在与这类单亲家庭的家长沟通时,要注意以下几点。

1. 传递信息,让父母明确各自的教育责任

一般来说,单亲家庭的父母在跟教师沟通时,比较忌讳谈家庭内部情况。在新学年开始,特别是接手新班时,班主任要根据学生的基本情况,登记了解班级学生的家庭结构,做到心中有数。班主任可以给每一位家长写一封"家校联系信"。若是单亲家庭,可通过发送电子邮件的方式,分别将这封信发送给孩子的爸爸和妈妈。除了介绍班级管理的规划之外,还要明确提出希望孩子的父母在教育孩子时,各自承担不同的角色。要提出一些适当的建议,让每位家长都做到心中有数。

我曾教过一位名叫小雨的女孩,她的妈妈离婚后又再婚了。但是再婚后夫妻感情依然不好,经常吵架。长期生活在这种家庭,小雨有一种不安全感。小雨在文章中写道:"世界上为什么会有离婚这两个字?你们知道吗?离婚对一个孩子来说,是一件多么痛苦的事情。每次看到同学的爸爸来接,我的内心都在流泪。我多么希望我的爸爸也能来接我呀……"读着孩子的文章,我的眼泪都快流下来了。

我与小雨妈妈沟通,告诉她孩子的内心想法后。她妈妈对我说,的确没有给孩子提供一个有安全感的环境,内心也感到十分愧疚,但她也没什么办法。孩子的爸爸基本不来看望孩子,无法沟通。看着妈妈无奈的神情,我想着应该找机会以班主任的身份,跟小雨爸爸通个电话,与他沟通一下,看看能不能对孩子有所帮助。

于是我找了一节没有课的时间,拨通了小雨爸爸的电话。电话接通后,我自报家门,说自己是小雨的班主任——许老师,想找时间交流一下孩子的问题。他爸爸说没问题。于是,我把小雨习作中流露出的对父爱的渴望讲给她爸爸听,希望他能抽出时间来看看孩子。我对小雨爸爸说:"缺乏父爱的女孩很容易早恋,你家小雨又长得这么漂亮……"小雨爸爸在电话那头连连说:"情况我已经知道了,非常感谢您对孩子的关心,以后我一定抽时间去看孩子,多关心她。"

那次通过电话之后,小雨的爸爸一个月来看她一次,还带着她出去吃饭、看电影……小雨特别开心。看到小雨比以前活泼了许多,我也很高兴。作为班主任,能为孩子的精神生活做一点点努力,也是一件幸福的事情。

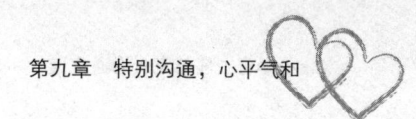

通过建立班级博客、班级 QQ 群、班级微信平台及时发布班级动态，同时有目的地发布一些亲子教育经验，让家长进一步明确教师的期待、孩子对他（她）的需要。

2. 指导离异家长对孩子表达爱与关心，端正教育观

单亲家庭的孩子比较缺乏安全感，他们需要细腻而富有智慧的爱。而单亲父母在对待孩子方面容易走两个极端：一种情形是过于溺爱孩子，认为由于婚姻的失败、家庭的破裂亏欠了孩子，所以在物质上尽可能地满足孩子，言语上也对孩子"言听计从"；另一种情形是迫于生计或者情感纠葛，无心教育和陪伴孩子。有的把孩子交给老人代管，有的甚至把孩子的生活和学习都交给保姆托管，使孩子处于一种"放任"或者"遗弃"的状态……无论哪一种情形都对孩子的成长不利。教师要根据孩子不同的家庭教育现状，与家长真诚地沟通，指导家长对孩子表达爱和关心，促使其做出相应的调整，正确地教育和引导孩子。

3. 委婉地提醒家长注重培养孩子阳光乐观的性格

单亲家庭的孩子从小就比同龄人多一些"心事"，家庭破裂让他们感到自卑、孤单，很多孩子变得内向、不爱说话。如果有的家长认为孩子很"乖巧"、很"懂事"，那么就很难走进孩子的内心，也就很难给予孩子正确的引导。因此，教师需要提醒家长重视对孩子的心理疏导和良好性格的培养。要根据孩子的年龄，用适当的方式坦诚地与孩子交流家庭问题，要让孩子坦然接受父母分开的事实，注重培养孩子阳光乐观的性格。

4. 树立榜样，培养孩子的感恩之心

班主任要善于洞察单亲家庭孩子的复杂心理，多劝慰孩子，多带领孩子参加一些有意义的班级活动，培养他阳光、开朗的性格。当他与父亲（母亲）产生过激的行为时，班主任要善于挖掘资源，寻找身边自强自立的小榜样，让他明白世界上还有很多生活得不如意的同龄人，但依然努力让自己变得好起来。教会他从榜样身上汲取前进的力量，做自己命运的主人，感恩这个世界，感恩身边的每一

个人，感恩爸爸妈妈给予自己生命。

培养一颗感恩的心

手机铃声响起，我一看是小 H 妈妈打来电话。"有什么事吗？"我连忙按下接听键，"许老师，你忙吗？我家小 H 特别不乖，她在责怪我没有给她找个好爸爸，在与我顶嘴……你看……这孩子……"电话那头传来小 H 妈妈的哭声，声音里满是委屈。

"噢，别哭，别哭，慢慢讲。"我连忙安慰起来。原来，母女两人因一点小事在闹不愉快。一年前，身为建筑公司老板的小 H 爸爸没有办离婚手续，也不担负孩子的抚养费，不负责任地离开了她们母女俩。

小 H 妈妈独自带着女儿艰辛地生活，拼命赚钱养家。为了给孩子创造良好的学习环境，她每个月花 1000 元钱让小 H 寄住在一位老师家，自己不分白天黑夜地干活。

同龄人都有爸爸妈妈的陪伴，小 H 看在眼里，痛在心里。爸爸在家的时候，很舍得给孩子花钱买东西。爸爸的离开使得孩子的挥霍行为受到了一定的限制。她内心一方面渴望父爱，另一方面也有对父亲的记恨。她深爱着妈妈，有时又觉得妈妈无能，没本事留住爸爸。虽然妈妈含辛茹苦地带着她，但是许多时候，她根本不领妈妈的情。同龄人所拥有的物质条件，她也要妈妈竭尽全力满足她。这真是一个可爱、可怜，又有点可恨的小女孩啊！

"小 H 妈妈，不要着急哦，你先别理她，不管怎么说，她还是一个孩子。你别跟她计较，我会好好教育她的。"我在电话中安慰着小 H 妈妈。

在我的要求下，小 H 接过了妈妈的手机。"小 H，你好！"我问候她。"许老师，您好！"电话那头传来小 H 的啜泣声。

"小 H，都说女儿是妈妈的贴心小棉袄，你今天怎么又跟妈妈吵架了？你的话深深伤害了妈妈的心哦！"我对她说。

"许老师，我本来心情就不好，妈妈还嫌我这不好，那不好。我一气之下就

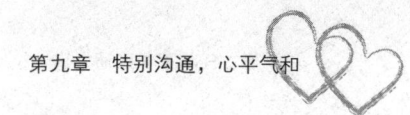

第九章 特别沟通，心平气和

说出了那样的话。"孩子低声说。

"噢，许老师理解你，知道你心里很难过。但是，你妈妈每天起早摸黑地干活，不都是为了你吗？你要多站在妈妈的角度想想啊！"我劝道。

"知道了，许老师，我错了，我会向妈妈道歉的。"孩子说。我又安慰了小H妈妈几句，然后就挂了电话。

这一幕一直在我的脑海中浮现。现在最大的问题是，孩子觉得自己是世界上最可怜的人，抱怨妈妈没能给她找一个好爸爸，对妈妈产生了记恨、恼怒的心理。该怎么消除小H内心的这种感受，让她觉得自己很幸福呢？我不由得想起三天前在502班听取的一节主题中队活动《学会感恩，与爱同行》的试教课，那位可爱的女主持人是一名父母双亡的孤儿，但是，她依然在感恩这个社会，感恩老师和同学。明天正好是这次主题中队活动的观摩课，学校要求每个班的班主任、中队长、班长都要去观摩。我可以借此机会带小H一起去。许多时候，语言的安慰显得那么苍白无力，让孩子自己去感知，唤醒孩子潜在的力量，会比老师苦口婆心的说教更有力。

在去观摩活动之前，我当着全班同学的面不露声色地说："许老师会带上小H一起参加本次观摩活动，她的普通话标准，以后咱班搞活动，她或许还可以做主持人。"在全班同学羡慕的眼光中，我和她离开了教室，去往活动现场。

当活动进行到大屏幕滚动播放502中队师生看望福利院孩子的情景，当那位女主持人声泪俱下地说："半年前，爸爸妈妈离开了我，我独自一人学会了烧饭、洗衣……"时，我偷偷看看坐在边上的小H，只见她已经哭成了一个泪人儿。我连忙握住她的手说，"小H，你看，婷婷姐姐是个孤儿，但她依然觉得自己很幸福，依然在感恩所有关爱她的人。你比她幸福多了，至少你还有妈妈，她那么爱你，你要懂得感恩啊！"孩子边流泪边不停地点头。

观摩活动结束后，我在全班孩子中宣讲了一番沈婷婷的事迹，号召全班孩子向沈婷婷学习——学习她的自立自强，学习她的感恩之心。然后我又找来浙江省桐乡市"十佳好少年"张美婷的先进事迹，读给全班同学听，这个孩子从9岁开始就在照顾生病的妈妈，且学习成绩相当优异。当我读的时候，我看到小H的眼圈一直红红的。

"许老师，谢谢您带我听了《学会感恩，与爱同行》这节班队课，让我知道

了世界上还有许多人比我更可怜。听了张美婷姐姐的事迹,我很惭愧。我的妈妈这么疼爱我,老师、同学也这么关心我,我有什么理由天天抱怨呢?以后,我一定要做个让妈妈放心的好女儿,让您放心的好学生……"孩子在作业本中夹了一封信,信中写的都是她的肺腑之言。

后来小H妈妈好几次向我反馈,说孩子比原来懂事多了,也不再与妈妈顶嘴了。有时候,还会帮妈妈做一些家务。懂得感恩的小H,让妈妈的脸上挂满了欣慰的笑容。

经过一番思考之后,我与小H爸爸通了一次电话。在沟通中我委婉地告诉小H爸爸,孩子很聪明,人见人爱,她不时在文章中流露出对爸爸的想念……小H爸爸在电话那头沉默了一会儿,然后告诉我以后一定会多关心孩子的。我让小H爸爸也加入校信通,多关注孩子的一些情况。他爽快地答应了。

或许是校信通反映的班级动态感染了家长,或许是孩子爸爸良心发现,突然,有一天,小H妈妈告诉我:"现在孩子爸爸开始付孩子每个月的辅导费了,孩子生日时,她爸爸还抱着一个大大的洋娃娃来看孩子……小H变得越来越阳光可爱了。"

沟通之道

(1)委婉地邀请家长加入微信群等,了解班级动态。

班主任无权干涉孩子的家庭生活,但可以站在孩子的立场,让平时不抚养孩子一方的家长多关心孩子,委婉地邀请他(她)加入班级QQ群或微信群,多关注班级和孩子的动态。其实,每一位爸爸或妈妈都疼爱自己的孩子,即使父母双方离异,当班主任邀请他们加入微信群或QQ群时,他们都是乐意配合教师的。当然,如果有的家长觉得不方便或不愿意加入,那么班主任也不要勉强。

(2)鼓励孩子多与家长沟通。

可以这么说,没有一位不爱自己孩子的父母,毕竟孩子都是自己的亲骨肉。每带一个班级,我都会给全班孩子讲述绘本故事《我的爸爸是焦尼》,告诉他们,爸爸妈妈选择离婚,肯定有他们的道理。虽然爸爸妈妈分开了,但他们对孩子的爱一点都不会变。所以,不要对爸爸或妈妈怀恨在心。我还常常鼓励孩子多与爸爸或妈妈打电话,发信息,彼此之间增强沟通。与离异后的家长沟通时,可以提

醒他们别在孩子面前说对方的坏话,那样说对孩子的发展最不利。不管怎么样,爸爸(妈妈)总归是孩子最亲的人,这个事实谁都改变不了。

四、面对不关心孩子学习的家长

其实,没有一位家长从一开始就对孩子的学习漠不关心。在孩子读书的初期,家长都对孩子充满了无限的希望,随着年级的升高,如果孩子的学业出现一些问题,那么家长就容易气急败坏,慢慢看不到希望。尤其是一些从幼儿园起就被老师贴上"问题孩子"这一标签的家长,更容易对孩子失去信心。有的家长自己小时候学习就比较困难,因此觉得家长再怎么重视,对孩子也于事无补。

这类家长往往自身文化程度不是很高,在学习方面也无法给孩子提供更多的帮助,对孩子的前途抱着一种无所谓的态度,再加上孩子长期学习没有起色,于是,自然而然就产生了漠不关心、顺其自然的行为,甚至会有怕见老师、怕来学校的心态。

作为班主任,面对不关心孩子学习的父母,班主任首先要端正心态,抱着一颗平和的心,看待这类家长。

1. 让孩子取得进步,点燃家长的希望

面对不关心孩子学习的家长,班主任要学会单打独斗,要依靠自己的力量,采取鼓励、谈心等不拘一格的方式,让孩子感受到学习的快乐和兴趣,进而提高学习的积极性,慢慢在学习上取得进步。请看下面这个例子。

我在中山路小学教五年级时,遇到一位名叫小强的孩子。虽然他脑袋瓜很聪明,但他每天都完不成家庭作业,与其父母沟通后无果。我想了许多办法,包括放学后留下孩子做作业等,但小强还是没有任何起色,字照样写得歪歪扭扭。

后来,我任命他为提高组组长,当他有点滴进步时,我就给他父母发喜报,评他为进步小王子。原本他作文只能写一行字,后来我手把手教他如何把作文写好,还帮助他认真修改习作去投稿,结果后来他获得了全国三等奖的好成绩……孩子的点滴进步,在慢慢唤醒他的妈妈。

他妈妈告诉我,她原本以为读书只靠天赋,认为她的孩子就不是读书的料。

孩子上三年级时还与老师闹过不愉快。她对她的孩子不抱什么希望。我是她这么多年来第一次遇到的负责任的老师，遇上我，她才明白，做家长除了给孩子吃好穿暖，还要培养孩子的责任心。

于是，小强的妈妈被我唤醒了。她开始每天晚上陪伴着孩子看书、阅读……妈妈和我一起携手，共同努力，孩子的进步自然不言而喻。当看到孩子进步后，他的爸爸慢慢也开始被唤醒，重新对孩子充满了希望。

当孩子能取得进步，越来越乖的时候，家长仿佛又看到了前途的美好，重新燃起对孩子的信心。哪位家长不希望自己的孩子将来过得比自己好呢？孩子有进步，家长就会受到很大的鼓舞。

2. 积极报喜，家校联动，让家长产生无穷的动力

孩子取得进步，对家长来说，本身就是一种无穷的动力。不管文化程度的高低，不论是在农村还是在城镇，每一位家长都希望自己的孩子能取得好成绩。当孩子取得进步后，班主任要学会向家长报喜——发"校信通"喜报、发好家长证书、邀请孩子在家长会上作为进步生发言等方法，让家长感觉到孩子的班主任从没有放弃自己的孩子，从而点燃家长前进的希望和动力。家长看到了希望后就会慢慢地从对孩子的学习漠不关心转变为关注孩子各方面的发展。这样家校配合、家校联动后，孩子才会步上快速成长的轨道。

学会向家长报喜

新接手四年级一个班，班上的春峰是一个具有攻击性的孩子，他的家校联系本上从来没有家长的签名，作业也做不好……打电话与家长联系，他爸爸连招呼都不打，只在电话那头应和几声，沟通起来十分困难。

我上门去家访，春峰妈妈在家，她告诉我说："孩子从上幼儿园开始，几乎天天都会闯祸。家长打也打了，可是没有一点用处。"总而言之，爸爸妈妈看不到

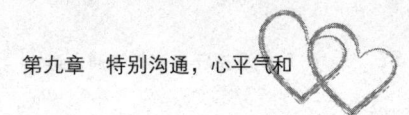

第九章 特别沟通，心平气和

自家孩子一点希望，只能放任自流。

听了孩子妈妈的话，我感触很深。每一位问题学生背后几乎都有一个"问题"家庭。家长提到自己的孩子时，几乎都是一脸的无奈和沮丧，对教育孩子束手无策。

面对孩子，面对家长的漠不关心，我要做的只能是单打独斗，想办法让孩子取得进步，以此来唤醒家长对孩子的希望。

听完孩子妈妈的介绍，我对孩子在校的不良表现只字不提，只说了孩子的优点："峰峰乐于助人，劳动积极，字也写得很漂亮……"我告诉她，每个孩子身上都有长处和优点，并叮嘱她以后不要总盯着孩子的不足，要学会多鼓励孩子。春峰妈妈第一次听到老师表扬他的儿子，眼睛都亮了，脸笑得如山茶花一般灿烂。

家访回来后，我尽可能多鼓励孩子。每当孩子有进步时，我就采取发信息的形式喜报——春峰家长，您的孩子特别爱劳动！特此向您报喜……春峰家长，您的孩子本单元语文考试有了明显的进步，向您表示祝贺……

一开始我发完喜报后，并没有收到春峰家长的回复。我并不气馁。只要看到孩子有些许进步，我就向家长发喜报表示祝贺。

学期结束时，我在班上评选了二十位好家长，期间特意把春峰家长也评选在内。坚冰总会遇见骄阳，渐渐地，孩子的家校联系本上能看到家长的名字了，孩子的家庭作业质量也有了明显的提高。

有一天早上我正坐在办公室批阅家校联系本，春峰喊一声报告后走了进来，递给我一封信，我打开后发现是春峰妈妈写给我的：

> 警（敬）爱的许老师：
> 您好！
> 首先，作为春峰的家长，在此对您说一声，老师您辛苦了。
> 春峰这孩子的确与别的孩子不同，总是管不住自己，在家里也一样，经常和家人吵架。今天我们教训他一顿，明天他又忘记了。我平常也帮他检查家庭作业，但有时他说没有家庭作业。为了春峰，许老师花费这么多的精力和心血，我们家长真的很感动，也非常感谢老师。许老师，您让我们看到了希望和前进的动力。作为家长，我们以后一定会努力管教孩子，希望他成为一

> 个好学生。
> 　　今后，我们会和孩子沟通，多了解一些学校里的事情，也会给他买一些课外书。最后，我们还要说一声，孩子的成长离不开父母，学生的教育离不开老师。在此十分感谢许老师。
> 　　遇见一位好老师真的是孩子一生的财富。再次谢谢您！
> 　　祝健康快乐！
>
> 春峰家长：杨月松
××年×月×日

我把这封用铅笔书写的书信，反复阅读了三遍。人心都是肉长的，我对孩子无怨无悔的付出，我为家长送出的荣誉证书，终究在家长的心田播下了一颗种子。春峰告诉我说，他爸爸妈妈看到我从来没有放弃他，很感动，经常询问学校里的事情，与他聊了好久。他还乐滋滋地告诉我，从上个月开始他爸爸妈妈约定，两人轮流管他，一人负责一天。他对我说："昨天有一位叔叔打电话约我爸爸打牌，爸爸告诉他要在家管儿子。那位叔叔说，'儿子有什么好管的，让他自己做作业就可以了。'爸爸后来执意坚持在家陪我做作业，没有出去打牌。"看得出来，春峰为父母的变化感到开心。

沟通之道

（1）上门家访要肯定孩子的优点。

不关心孩子学习的家长，一般文化水平都比较低，不注重为孩子创造良好的学习环境和氛围，孩子的成绩、习惯等各方面都比较差。这样的家庭最需要班主任上门家访。上门家访一方面可以与家长深入交流，帮助家长分析原因；另一方面让家长感到班主任对自己的孩子分外重视。要注意在家访的时候，尽量多肯定孩子的优点，并且告诉家长，在家也要学会赏识孩子，让孩子慢慢变得自信。

（2）不要吝啬对家长的赞美。

都说好孩子是夸出来的，从某种程度来说，好家长也是夸出来的。班主任可以抓住家长重视孩子某方面行为的"蛛丝马迹"，进行鼓励和表扬。平时多与家长电话沟通，告诉家长孩子进步很大。家长的心会越来越温暖。我在带长河班的时候，班上有一对双胞胎，他们的妈妈原本一点儿都不关心孩子的学习，他们的爸爸更不用说。后来，我接手这个班之后，经常与孩子的妈妈沟通。当孩子有点滴进步时，我就对他妈妈说："你教育孩子有方，涛涛的进步很大。"有时候还跟她反馈英语老师表扬她的孩子的信息，家长的积极性被调动起来后，也越来越重视孩子的学习了，孩子的进步自然很快。

五、面对不理解班主任的家长

做老师，特别是做班主任，其实就是为孩子提供全方位的服务，因此再优秀、再能干、再努力的老师，也很难做到让家长百分之百的满意。一般来说，班上的大部分家长都能理解教师工作的繁忙与辛苦，有的家长甚至会感慨，在家带一个孩子就很不容易了，带几十个孩子的班主任更不容易。也有个别家长平时不怎么与班主任搭讪，也不主动询问孩子的学习情况，一旦发生一点小事，就会气势汹汹地质问老师。

遇到这样无礼的家长，班主任要有宽广的胸襟，切忌因此而看不起他的孩子，孩子该得什么荣誉，依然要给孩子什么荣誉，家长若有做得好的地方，依然要对家长进行鼓励，只当什么事情也没有发生过。等家长想通之后，看到班主任并没有因为他的出格行为而看不起他的孩子，会因此感到愧疚，从而赢得家长对你的尊敬。

我曾经遇到一位家长，因为孩子丢了30元钱，就跑到学校向我兴师问罪。同处一个办公室的老师听完之后，义愤填膺地对我说："这个家长怎么这么厉害，你不要去管她儿子了，理都不要理这孩子。"我当时也很生气。孩子丢了30元钱，就把责任怪在老师头上，确实没有什么道理。但后来转念一想，这位家长本身文化素养不高，一些过激言行也能理解，但我不能亏待孩子呀。我依然关心着孩子，精心辅导他的习作。后来孩子的习作发表在《作文评点报》上，还拿到了稿费。孩子的进步越来越大，后来，他妈妈也为自己之前的过激言行感到懊悔，慢慢地跟我的关系也有了缓和且越处越好了。

我的案例

我评他为"好家长"

那天,新华书店来我们学校搞促销活动。喜欢看书的伟佳拿了50元去买书,因为人多拥挤,新华书店的工作人员把本该找给她的10元钱,找给了另一个孩子。当时,伟佳也没告诉我,我根本就不知道这件事。

放学后,伟佳把这件事告诉了她爸爸。她爸爸马上给我打来电话,并在电话里激动地质问我:"许老师,以后学校要买什么书就通知家长,让我们自己去买好了。"甚至没说一句再见,伟佳爸爸就匆匆地把电话挂了,容不得我做半句解释。

说实话,我当时的确很愤怒。这位爸爸平时从来没有询问过孩子的学习情况,今天为了区区10元钱就向老师兴师问罪。当时,我一再劝导伟佳别买书,可她偏偏不听。她爸爸莫名其妙地责怪起我来。再说,新华书店来学校卖书,只是为了方便孩子购买,至于是否购买完全由家长和孩子个人决定。我因伟佳爸爸在这件事上对班主任的不理解而郁闷。

但我并没有因为家长的蛮不讲理而迁怒于伟佳。第二天,我在班上简单地讲述了一下这件事,并教导全班孩子,以后遇到这样的情况应该怎么自我保护。我让孩子们讨论,遇到这样的情况应该怎么办?有的孩子说:"当时伟佳应该胆大一点,大声喊——你找错了!没有把钱找给我。"有的孩子还建议应该及时向老师汇报,或者马上告诉同学,就能避免后面的状况。

一周后,班上开始公布第三批"好家长"的名单,按照伟佳平时的学习成绩、行为习惯和家长签名,这次应该评伟佳的家长为"好家长"。可是,一想到伟佳爸爸在电话里蛮横的态度,我就有些犹豫了。评还是不评?我思忖着。如果给伟佳爸爸发"好家长"证书,我心里总是觉得很别扭;如果不给他发"好家长"证书,孩子的心里会怎么想,况且这是最后一次评选"好家长"。倘若因此在伟佳心里播下一颗仇恨的种子,又怎么能让孩子体会到更多的美好呢?

最终,我"忍辱负重"地决定——给伟佳爸爸发"好家长"证书。

第九章 特别沟通，心平气和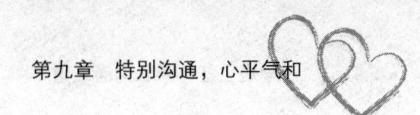

伟佳家长：

恭喜您！您的孩子热爱读书，热爱劳动，学习习惯良好，家庭作业都能及时认真地完成。孩子所取得的成绩，离不开您的辛勤教育。

所以，您被评为：好家长。

感谢您的配合！希望孩子在您的教导下，各方面都能更上一层楼。

班主任：许丹红

××年×月×日

当孩子笑眯眯地拿着奖状，接受同学的掌声祝贺时，我的耳边再次响起伟佳爸爸在电话中粗暴的声音。当时，我暗暗地对自己说："不，我是人类灵魂的工程师！我要让孩子真切地感受到世间的美丽！"瞬间，所有的不快都随着孩子的笑容而消散了。

第二天，伟佳乐滋滋地说："许老师，我爸爸、妈妈拿到这张奖状特别高兴！"孩子快乐的情绪也感染了我。

两个月后的一天早晨，我接到一个电话："许老师，你好！我是小佳的爸爸。"电话里传来浑厚柔和的男子声音。"哦，伟佳爸爸，你好！"

"许老师，我家伟佳从今天早上五点到现在一直在流鼻血，她今天能不能不扫地了呀？"那边的声音依然那么柔和。

"可以呀！我昨天叫几位同学扫，好像没有伟佳呀！这几天复习，孩子是比较累……"

"许老师，再见！谢谢你！"挂了电话，伟佳爸爸亲切柔和的声音依然在我耳边回荡。我竟然不敢相信这是伟佳爸爸的声音，他的态度会如此的温和。同一个人，两次同样的通话，态度迥异。

尽管我无法猜测家长心里是怎么想的，但从这次通话家长温和的语调中，我听到了礼貌，听到了尊敬，听到了感激。

沟通之道

（1）理性分析家长的"不理解"行为。

面对家长的"不理解"行为，班主任心里肯定会有不快，但还是要带着一颗理解的心。不同的家长有不同的脾气性格，家长表现出不满意的行为也在所难免。在沟通交流中，班主任可以理性地分析家长出于什么原因，不理解教师的工作。案例中提到的伟佳爸爸其实就是因为心疼丢了10元钱，所以才把所有的怒火都发在班主任身上。在跟伟佳爸爸第二次通话后，我就释怀了。

（2）不迁怒到孩子身上。

班主任不要把对家长的情绪迁移到孩子身上。孩子左右不了家长的个性，即便孩子做错了事，班主任也不应该跟孩子计较。班主任真心实意地对孩子好，关爱并鼓励他，其实，家长都是能感受得到的。这样带着一颗平常心跟家长继续交往，家长都会十分感动。在以后沟通时，语气也会温和许多，态度也会有所转变。

第十章　温馨鼓励，心潮澎湃

教师工作压力大，经常身兼数职，一天到晚忙碌不已。由于部分家长的失职，有的教师甚至还要扮演"家长"的角色。苏霍姆林斯基曾经这样发问："为什么教师没有自由支配的时间呢？"原因很多，我想其中最主要的是，由于家长的教育素养低和缺乏责任心，教师往往不得不承担本来应该由家长承担的义务。

什么样的家庭就会教养出什么样的孩子。通常家长素质高的、家庭教育好的孩子，就算资质一般，道德品质和学习成绩也不需要老师多操心。而让老师费心的通常是没有家长监督的孩子。因此帕夫雷什中学非常重视家长工作，目的就是让家长成为孩子最早的教育者和启蒙教师，防止孩子早早就养成懒惰和闲散的习惯。

按照现在学校的条件和我国的国情来看，我们很难做到像帕夫雷什中学所介绍的那样，一次次组织家长学校，指导刚结婚的新人如何教育孩子，让刚满2岁的幼儿提前来学校参观。然而，通过多年当班主任的实践摸索，我发现想办法激励家长、调动家长的积极性是可以做到事半功倍的。

一、多元激励

1. 推荐家庭教育资源

怎么激励家长提高教育素养，为家长点亮一盏前进的明灯呢？那就是推荐优秀的家庭教育资源。班主任可以通过定期给家长写信、在班级微信群里转发家庭教育的优秀文章等方式，让家长一点一滴来学习。

比如，班主任可以推荐一些家教类的优秀书籍（《做最好的家长》《好妈妈胜过好老师》《发现母亲》等），指导家长在尊重孩子身心发展规律的前提下教育孩

子。再如,可以将卢梭的"自然教育法"、陶行知的"爱的教育法"等名家的教育方法传授给家长,让家长能理智地爱孩子,同时告诫家长不要总盯着孩子的成绩,平时要加强与孩子的交流与沟通。另外还有一个方法便是创建"书香家庭",让家长与孩子一起读经典,创设良好的家庭阅读氛围,最终受益的将是孩子。

2. 多元激励,让家长品一颗喜悦的糖果

"最怕老师来电话,最怕老师来家访,最怕老师邀请你到校。"有人用这几句话形容家长的心情。究其原因,是什么造成家长一听到老师的声音就恐慌呢?

望子成龙,盼女成凤,谁不希望自己的孩子表现出色,能够受到老师的赏识呢?我曾听过这么一件事:有个孩子学习不好,老师放学后总要给他补课。某天老师请来了家长,向他妈妈反映了这一情况,希望家长能在家多教导孩子。他妈妈竟然说:"老师,他根本就不是读书的料,你也不要太费心了。"家长说这样的话,说明她对孩子失去了信心。那么,有谁甘心承认自己的孩子不如别人呢?教师是否没有给弱势孩子体验成功的机会?我一直这样反思。

(1)及时发"好家长"表扬书。

每学期可以根据孩子家庭作业的质量、在校各类表现、生活习惯的养成等,定期给家长发"好家长"表扬书。每一位家长收到"好家长"表扬书后,都会产生无穷的动力。这一荣誉会促使家长有更强烈的责任心,更加注意孩子的学习问题。我在班级第一次发"好家长"表扬书后,还收到了洋洋洒洒的回信。家长在信中说因工作繁忙,对孩子的教育不够尽心,感到很愧疚等。记得班里有个孩子学习成绩一直不好,他妈妈也经常辅导他的功课,可孩子的成绩一直不如意。那天,孩子的妈妈收到了"好家长"表扬书,第二天孩子告诉我,他妈妈特别开心,指导他做作业都笑眯眯的。孩子学习也更加有动力了。

(2)及时发喜报。

苏霍姆林斯基曾说:"教师最细致、最艰巨的任务之一,就是爱护并发展孩子的自尊感,不应当让儿童的劳动成为徒劳无益的事。"这是优秀教师的座右铭。优秀教师的另一个座右铭应该是爱护并发展家长的自尊感,让他也跟随孩子一起体验成功的喜悦!因此,当孩子取得了某种荣誉后,要及时给家长发喜报,表示祝贺。

喜 报

_____家长：

恭喜您！迄今为止，您的孩子已背诵古诗 60 首。这是一个培养意志力、增强耐力、战胜自我、提高记忆力的过程。

这喜人的成绩离不开孩子自身的努力，更离不开家长的督促和鼓励。在为孩子高兴的同时，更对您的配合表示衷心的感谢！

请一如既往地支持配合学校教育，争取让孩子掌握更多的古诗，提高孩子的人文素养。

特此报喜！

班主任：许丹红

××年×月×日

对于弱势的孩子来说，因为从来没有品尝过成功的喜悦，所以孩子和家长都十分灰心，听之任之，更需要教师的鼓励和赞扬。每个孩子都有他的闪光点，当看到孩子有了微小的进步时，就可以利用现代通信设备，及时给家长发送信息报喜。让家长看见孩子的进步，从而激发家长教育孩子的信心，重视孩子的学习。

二、给力父爱

有人这样来形容当下中国家庭教育的现状：缺席的爸爸、焦虑的妈妈和失控的孩子。虽然这样描述有些极端，但是反映了家庭教育中"爸爸缺位"的普遍现象。我们国家自古以来相夫教子的责任都落在了母亲的肩头。但现代中国妇女除了要照顾家庭，还要在外面辛苦地工作，有时候会力不从心。母亲的精疲力竭，父亲的伪存在，导致相当一部分孩子，尤其是男孩子，在家处于失控的状态。亲子秀节目《爸爸去哪儿》之所以能风靡全国，就是这种现状的折射，也让人们意识到了爸爸在孩子成长过程中的重要性。

班主任可以利用"好爸爸"这样的角色，来唤醒班上的爸爸们。俗话说，宁愿跟讨饭的妈，也不要随做官的爹。由此可见，相对妈妈来说，爸爸在孩子的成

长过程中所付出的心血和汗水要少很多。当然我们不能否认，个别家庭爸爸做得比妈妈要出色。

笔者曾经执教的学校位于城乡郊结合部，爸爸在孩子成长道路上的缺席现象更为严重。班里有不少孩子的爸爸好逸恶劳，有赌博、夜不归宿的恶习。有的爸爸大男子主义深入骨髓，认为男主外女主内，孩子读书等事务就应该由妈妈承担。一个学期快过去了，许多爸爸都没有跟班主任见过一次面。有相当一部分孩子生活在"伪单亲"家庭中，从表面看来父母都在照顾孩子，但只有妈妈真正参与到了孩子的教育中，爸爸并没有发挥自己的作用，这种家庭情况并不利于孩子身心的成长。

那么，班主任怎么调动这些爸爸们的积极性呢？怎么让他们积极参与到孩子的成长中来，乐于为孩子、为家庭做事，关注孩子的身心，约束自己的行为，建设幸福的家庭呢？以下是我总结的方法。

1. 致爸爸的一封信

每年的父亲节，我都会在班上开展孝敬实践活动，请孩子回家为爸爸做一件事情：洗脚、捶背、讲一个笑话，让爸爸觉得舒心。低年级的孩子可以给爸爸制作一张节日卡片，中高年级鼓励孩子给爸爸写一封信。孩子在信中都会感谢爸爸的养育之恩，并表达出自己内心的真实想法——或渴望爸爸放学时来接自己回家，或希望爸爸休息日能带自己去公园游玩，或希望爸爸能改掉某方面的陋习……

我教过一个名叫小炜的孩子，他对自己的爸爸说："爸爸，请不要再赌钱了，你知道赌钱给妈妈带来多大的痛苦吗？"小炜写的那封信让每一位父母看后都为之动容。孩子的爸爸看过信后，感慨万千，答应孩子以后再也不去赌钱了。从孩子的信中，爸爸能读到孩子的心声和希冀。其实，每一位爸爸的心底都有一块柔软的草地，草地上的艳丽小花便是为自己的孩子所开。只有被唤醒和激励，这些小花才有盛开的希望。

2. 发"称职好爸爸"的表扬书

每到学期的期中或期末，我都会及时发出"称职好爸爸"的表扬书，有时候颁发纸质的表扬书，有时候利用校信通鼓励家长。只要看到某一位孩子的爸爸开始辅导孩子的作业，开始接送孩子，开始对孩子的成长付出心血，那么就会收到

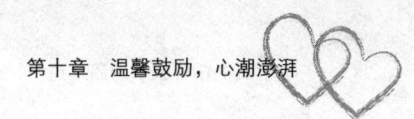

"称职好爸爸"的表扬书。对于爸爸们来说,这份荣誉是一种极大的鼓励,也让爸爸们有了更多参与孩子成长的力量。

> ××爸爸:
> 　　您是一位称职的好爸爸,真诚地感谢您为孩子所付出的一切!我替您的孩子向您表示感谢!孩子的成长需要父母和学校的共同努力,让我们携手共同前进!

3. 家长会设置"好爸爸"活动板块

家长会上,我经常会设置"好爸爸"这一活动板块,给班上的好爸爸们提供一个展示自我的舞台,让他们在全体家长面前,发出关心孩子成长的声音,细数自己的父爱,以及对孩子心甘情愿的付出。这样的激励作用十分明显,看到有的爸爸做得如此精彩,其他爸爸也会积极效仿。我常常在家长会上告诉爸爸们,下班的路就是回家的路,做爸爸的一定要多陪陪孩子。

4. 给力的亲子活动

利用休息日、春游、班队会等时间,组织一些给力的亲子活动:可以是亲子歌唱会,可以是亲子运动比赛,可以是亲子游戏,可以是亲子默契度比赛……规定来参加活动的必须是爸爸。在各种各样的活动中,增进爸爸之间的相互了解,也密切了爸爸与自家孩子之间的情感。在愉悦的活动中,爸爸可能会产生作为一位好爸爸的快乐的高峰体验,由此带动他的行为期待。

5. 评选"感动班级十大好爸爸"

每带一个班,我都会评选"感动班级十大好爸爸"。具体评选过程是这样的:首先由班主任动员,在校信通上发布班级即将评选好爸爸的消息。班上的孩子回家后和自己的妈妈共同商议决定是否推荐。如果推荐的话,那么请孩子或妈妈执笔,将爸爸的优秀事迹写成一份材料。然后班主任通过阅读优秀事迹材料,确定15位好爸爸候选人。最后制作成选票形式,让全体孩子和妈妈以不记名方式进行评选,最后确定"感动班级十大好爸爸",由班主任负责写颁奖词。

胡蝶爸爸:每晚悉心辅导孩子的作业,您,用爸爸的耐心搭起了一座凉棚;

每天努力地工作,您,用男人的责任撑起了一片爱的天空。真正的好爸爸,他的名字叫碧伟。

怡笑爸爸:下班回来已九点有余,每一夜,从不落下检查孩子的作业;工作那么勤勤恳恳,深得领导的赏识;您的心中只有妻子和女儿,唯独忘了自己。

……

6.评选富有正能量的好爸爸

为了鼓励、激发班上的爸爸们,我在相亲相爱班里开展了"富有正能量的好爸爸"评选活动。

"富有正能量的好爸爸"评选

( ) 富有责任心,热爱工作,给孩子积极的引导作用。

( ) 不吸烟,不酗酒,不赌博,没有不良嗜好。

( ) 爱家庭,事业和家庭兼顾,不因为工作而忽视了家庭建设。

( ) 经常抽出时间陪伴孩子,关心孩子的生活和学习。

( ) 经常心平气和地与孩子谈心,和妈妈一起承担教育孩子的重任。

( ) 经常陪孩子一起运动、一起旅行、一起看电影等,关注孩子的精神成长。

( ) 喜欢看书、看报,热爱生活。

( ) 孝敬双方的父母,能抽时间看望孩子的爷爷奶奶或外公外婆。

( ) 下班的路就是回家的路,常常陪家人一起吃晚饭。

( ) 玩电子产品、手机不超过限度。

亲爱的_____妈妈:家中的爸爸能做到以上哪几项,请在前面的括号内打钩。符合八条及以上的爸爸,才有资格评选正能量好爸爸。(请在下面写一些具体的例子,若写不下可以附一张白纸,谢谢!)

_____

_____

第十章 温馨鼓励，心潮澎湃

```
_____
_____
_____
                              妈妈_____
```

每次读到班里妈妈们写的一个个生动感人的例子，我都为之动容。其中有一位妈妈写道，孩子爸爸是一位心脏病专家，爱岗敬业，对待病人如春风般温暖，年年被评为先进工作者，在家中更是体贴、富有责任心的好丈夫和好爸爸……

只要班里的妈妈和孩子认可，我都给这位爸爸颁发荣誉证书。"富有正能量的好爸爸"的称呼怎能不让爸爸们感到心情澎湃呢？他会更加热爱家庭，热爱孩子，也更支持学校、老师的工作，这不是一种双赢吗？

注意尽可能选择在一些隆重的场合，比如在家长会上、孩子们的10周岁生日庆典上，给爸爸们颁奖，让爸爸们觉得很荣幸，也激起其他爸爸的热情，从而以他们为榜样，重新定位自己的角色，更多地参与到孩子的成长中。

7. 开办爸爸书房，共读成长书

"父母改变，孩子才能改变"。只有父母通过读书修炼好内功，提高自身的修养，孩子才会在父母的影响下向更好的方向发展。为了让爸爸们也能喜欢上阅读，我借鉴苏州姚琛老师的做法，在班上开设了"爸爸书房"。

"爸爸书房"开幕时只吸引了几位爸爸的热情参与。当然，参与更多的是一些妈妈。我们共读的第一本书是李镇西老师的《做最好的家长》。在轻松的氛围中，我们进行了阅读交流。几位爸爸对这本书中的句段、事例感触颇多，尤其是李镇西老师在书中写到，从小学三年级开始，他女儿就负责每天晚饭后洗全家人的碗。很多爸爸读完这段文字连说自己家孩子做不到……后来，报名参加书房阅读的爸爸们越来越多。楚爸还开玩笑说："经过激烈的思想斗争，我决定加入书房。"铭爸是书房的元老，他说："爸爸书房是我们的心灵家园。"

几次爸爸书房活动做下来，我们研读了《做最好的家长》《好爸爸胜过好老师》等专著。的确，书房的阅读、交流、碰撞、分享，提升了爸爸们的教育能力。欣爸

最擅长给孩子讲大道理，讲起道理来头头是道，但是磨蹭的女儿听到老爸的大道理后，一只耳朵进一只耳朵出，一点效果都没有。通过"爸爸书房"的学习，他也开始学着李镇西老师那样给女儿写成长日记，通过记录孩子成长的点滴，不断审视，不断改变自己，不再多讲大道理。通过改变自己来改变孩子，取得了比较好的教育效果。

《发现母亲》一书的作者王东华讲道：10岁之后，爸爸的作用越来越大了。确实父爱也是很给力的，方法对了，就可以大大提高和唤醒爸爸们的积极性和关注度。家庭变得和睦了，孩子也将变得更加优秀。

后记：这一刻，便是圆满

这部书稿终于完成了。

我揉揉惺忪的眼睛，缓缓舒了一口气。从"万千教育"吴红主任约稿到今天的完稿，整整花了一年多的时间。一年来，这部书稿无时无刻不在我的脑海中徘徊，经过反复构思、斟酌、酝酿……现在，终于可以付梓了。

在写作这本书的过程中，这些年来我与家长交往的情景、沟通的时刻，我带领家谊会开展的一个个活动……一幕幕、一场场、一声声都浮现在眼前。这中间有欣喜、有激动、有兴奋、有无奈、有神伤……但更多的是满满的感动和美好的回忆。

在带红日班时，我以做浙江省桐乡市级德育课题《系统干预，提高农村家长的家庭教育素养》为契机，开始深耕家校共育这一领域，那时我便品尝到了开展亲子活动的甜头。尤其是在带红苹果班时，在无法激发孩子们的兴趣点的情况下，举步维艰的我另辟蹊径，以"调动家长的积极性"为支点，想尽一切办法进行家校共育：家谊会的成立、家长进课堂、大手拉小手的表彰活动、10周岁的生日庆典……渐渐地，我的努力换来了家长们的支持，班级也焕发了生命力，变成了一池活水。

之后，我又来到北港小学，分别带了小水滴班、相亲相爱班、长河班。三年连带毕业班的艰辛，工作室活动的繁忙，弱势孩子的问题层出不穷，养育小儿的艰辛，父母、公婆身体的日渐衰老……有时候，我内心也会感到一阵惶恐。幸运的是，在学校领导的重视下，我的"家长课程"在良好的校园氛围中越做越成熟。家长进课堂、家谊会的野餐、男生节、女生节、小红军体验活动、长河班的毕业课程、亲子毕业典礼，还有一直在坚持做的班级孝敬课程，都在有条不紊地开展着。

　　这一切所思、所做要用文字梳理出来，真的不是一件容易的事。在写作中，我会经常陷入一片思维的盲区，不知如何描述才好。可以说，伴随这部书稿，我的内心时而焦灼，时而不安，时而无奈，时而又雀跃。

　　特别感谢吴红主任的信任，让我有勇气将这些年在"家长课程"中一些不成熟的做法下决心梳理出来，与更多的教师探讨。感谢吴红主任多次热心沟通，尤其是当初稿交稿后，他耐心、细致地阅读、做批注，指导我进一步修改，让我柳暗花明又一村。读着初稿上密密麻麻的修改提示，我的内心涌上阵阵的感动。

　　特别感谢亲爱的家长们。每带一个班级，总会有许多热心的家长为班级、为孩子们无怨无悔地付出。尽管我们之间也曾有过误会和彷徨，但现在回想起来，更多的是温暖、感动和快乐。每天有这么多孩子簇拥着，得到这么多家长的信任，让我觉得做老师、做班主任是一种幸福。

　　特别感谢所有可爱的孩子们，是你们让我的教育生命更加丰盈。

　　特别感谢浙江省桐乡市教育局各位领导的赏识和鼓励。

　　特别感谢北港小学的领导和同事们，大家对我的关注和支持，让我的脚步变得分外稳健。

　　特别感谢工作室的学员们，你们勤奋、好学、富有才华。我从你们身上汲取了前进的力量，让我们一起前进，一起努力。

　　特别感谢所有给予我支持、鼓励的师长、朋友们。

　　当然，还要感谢我的家人、我的孩子。

　　只想说——这一刻，便是圆满。

　　谨以此书献给小儿琅琅。时光飞逝，祝即将踏入小学生活的他，健康快乐。

许丹红
2016 年 7 月 27 日

万千教育 基础教育类书目

书号	书名	著、译者	定价(元)
\multicolumn{4}{c}{小学班主任专业技能}			
1196	小学班主任与家长沟通之道——心与心的交流	许丹红 著	36.00
8266	小学班主任的78个临场应变技巧	许丹红 著	32.00
9555	打造小学卓越班级的38个策略	许丹红 著	30.00
0699	好班是怎样炼成的——小学班主任班级建设之道	谢云 主编	40.00
0672	正思维、正能量和正教育——魅力班主任的幸福教育生活	钱碧玉 著	36.00
9764	缔造完美教室——小学班本课程的开发与实践	李亚敏 刘娟 著	39.00
9574	小学家校沟通的艺术	王怀玉 著	35.00
9935	写给少先队辅导员的41条建议	许其龙 著	35.00
7798	优秀少先队辅导员的八项修炼	谢金土 等 编著	26.00
小学班主任专业技能合计			309.00
\multicolumn{4}{c}{班主任工作理念与方法}			
2204	做一个会"偷懒"的班主任（第二版）	郑学志 著	48.00

1708	怎样教授道德才有效 ——德育心理学家给教师的建议	杨韶刚 等 译	48.00
1709	学生特殊问题发现与应对 ——给普通教师的建议	昝 飞 等 著	48.00
7318	与学生家长"过招" ——班主任的家长工作艺术和技巧	郑学志 著	26.00
7316	把班级还给学生 ——班集体建设与管理的创新艺术	郑立平 著	26.00
7319	班主任工作的55个"鬼点子"	刘坚新 等 编著	26.00
7344	遭遇问题学生 ——问题学生的教育与转化技巧	万 玮 编著	25.00
7317	魅力班会是怎样炼成的	杨 兵 著	25.00
8631	家校沟通，没有痛过你不会懂 ——知名班主任梅洪建的心路历程	梅洪建 著	32.00
0539	如何上好班级心理辅导活动课 ——钟志农答疑50问	钟志农 著	42.00
9902	德育主任新方略	丁如许 著	32.00
8611	班主任工作中的心理效应	刘儒德 主编	35.00
1135	班主任有效沟通的艺术与技巧	李进成 著	36.00
0541	班主任如何破解德育低效难题	赵 坡 著	35.00
9135	班主任，青春万岁——王君带班之道	王 君 著	34.00
8770	班主任如何带好差班	赵 坡 著	30.00
8309	扶年轻班主任上马	王 莉 著	38.00
7926	教师必须掌握的教育惩戒艺术	郑立平 等 著	28.00
7928	做一个聪明的班主任 ——对常见七类学生的教育艺术	郑立平 等 著	28.00
班主任工作理念与方法合计			642.00

学生品性养成指导			
9269	小学生六大基础性品德培养方案	尹弘敏 等 著	35.00
9132	没有指责和羞辱的教育 ——小学品行教育实践	徐 莉 著	24.00
9155	小学尊重教育主题活动设计	曲新红 主编	29.00
9129	小学生命教育主题活动设计	张拥军 主编	32.00
9010	小学公德教育主题活动设计	陈文芳 主编	29.00
8932	小学责任教育主题活动设计	施伟峰 主编	32.00
8833	小学合作分享教育主题活动设计	杨文娟 主编	29.00
8575	小学品格教育主题活动设计 （一二年级适用）	丁锦宏 主编	29.00
学生品性养成指导合计			239.00
课堂管理系列			
9193	让教师都爱上教学 ——307个好用的课堂管理策略	罗兴娟 译	34.00
7312	让学生都爱听你讲 ——课堂有效管理6步法	屈宇清 等 译	20.00
7697	课堂管理，会者不难	王晓春 著	26.00
0800	中小学生纪律教育 ——全方位解决纪律问题的策略	陆如萍 等 译	42.00
8502	中学课堂纪律管理指南	徐昌和 等 译	48.00
0673	透视小学生课堂行为 ——小学教师的课堂管理指南（第九版）	赵 琴 译	48.00
0674	透视中学生课堂行为 ——中学教师的课堂管理指南（第九版）	陈彩虹 译	46.00
课堂管理系列合计			264.00

教育理念与实践系列			
1139	如何当好教研组长 ——中小学教研组长专业素养与行动	杨向谊 著	36.00
1566	教导主任工作问题案例集	黄银美 主编	42.00
1471	闪闪发光的故事：童书阅读与欣赏	周益民 著	32.00
0801	故事、儿童和作家的秘密 ——走近儿童阅读	周益民 著	32.00
0163	童年爱上一本书 ——教师、父母如何伴读	周益民 著	28.00
1564	教育：一场惊人的旅行	史金霞 著	62.00
8931	重建师生关系	史金霞 著	42.00
9906	教师怎样少做无用功？ ——高效能教师必备法则	王晓春 著	32.00
8557	王晓春给青年教师的100条建议	王晓春 著	28.00
0734	怎样评价学生才有效 ——促进学习的多元化评价策略	陶志琼 译	48.00
8771	教师怎样说话才有效	李进成 著	32.00
0540	从生活中悟教育智慧 ——教育隐喻启示录	严育洪 著	36.00
0035	重构教师思维 ——教师应知的28条职业常识	刘祥 著	32.00
9746	教师职业生涯十大误区	茅卫东 著	27.00
9554	"偷师"杜威 ——开启教育智慧的12把钥匙	邱磊 主编	35.00
9137	跟禅师学做教师	谢云 著	28.00
8952	教育管理学：理论与实践（新版）	朱志勇 等 译	88.00
8574	魅力男教师修炼36计	林华民 著	29.00

8601	破解挑战教师智慧的42个问题	宁 杰 郑立平 著	36.00
8564	零距离英国教育	唐彩斌 等 著	35.00
7615	零距离美国课堂	王 文 著	28.00
8604	一位青年教师的专业成长之路 ——王君专业求索笔记	王 君 著	32.00
8271	让教师偷着乐 ——校园幽默笑话396则	唐劲松 主编	18.00
7927	教师兵法	刘坚新 编著	28.00
7866	老师好好学习，孩子天天向上 ——"麻辣教师"邓睿手记	邓 睿 著	25.00
7704	心与心的约会——孙明霞的生命化课堂	孙明霞 著	28.00
7281	教师时间管理策略	张迪帆 译	22.00
7334	初为人师第一年（中学版） ——新教师的50个第一次	张彩云 主编	30.00
5655	从教第一年——新教师职场攻略	赵 丽 等译	45.00
5551	实证教育方法	肖 艳 等译	35.00
5088	培养中小学生的创造性——理论与实践	胡清芬 等译	16.00
4722	教育性评价	董 奇 等译	35.00
3829	班有天才——普通班级中 培养天才儿童的策略与技能	杨希洁 等译	21.00
3719	教师角色	丁 怡 等译	24.00
教育理念与实践系列合计			**1147.00**
	教育教学心理系列		
2106	写给教育者的积极心理学（第二版）	任 俊 著	48.00

编号	书名	作译者	定价
1791	理解0—12岁儿童的学习	赵琴 译	36.00
1057	应用学习科学 ——心理学大师给教师的建议	盛群力 等译	38.00
0675	积极心理学走进小学课堂	任俊 译	56.00
0056	抓住学生注意力的176个课堂小活动	张乃束 译	28.00
0799	激发学生的成就动机 ——引导学生迈向成功的策略	吴艳艳 译	35.00
9922	小学生学习习惯培养方案	黄波 著	35.00
9358	中学生心理学	林崇德 著	60.00
教育教学心理系列合计			**336.00**
	教学理论与策略		
1790	优质提问教学法 ——让每个学生都参与学习（第二版）	盛群力 等译	48.00
1750	激发中学生脑的力量 ——适于脑的8种教学策略	吁思敏 卢小蕾 译	38.00
1594	设计与编写教学目标（第八版）	盛群力 等译	42.00
0802	点燃学生的学习热情 ——基于脑科学的教学策略	吕红日 汤雪平 译	28.00
0226	多元智能教与学的策略（第三版）	霍力岩 等译	60.00
0150	教师怎样提问才有效 ——课堂提问的艺术	宋玲 译	45.00
0040	让教师学会提问 ——以基本问题打开学生的理解之门	俎媛媛 译	28.00
7863	实用讨论式教学法（第二版）	罗静 等译	28.00

……
欲了解更多图书信息，请登录：www.wqedu.com
联系地址：北京市西城区三里河路6号院2号楼213室　万千教育
咨询电话：010-65181109，65262933

*本目录定价如有错误或变动，以实际出书为准。